JN165907

新国粋

ニッポン闘議

―高須基仁対談集―

株式会社 展望社

復刊の前書き

平成二六年十二月二八日のことだ。

私が名古屋で開催された地下格闘技大会に特別ゲストとして招待され出向いた。

前日、私は思い切って名古屋に程近い松阪駅に降り立ち、「本居宣長のもう一つの墓」がある妙楽寺を訪ねた。

言うまでもないが、宣長は伊勢松坂の人で、彼が少年時代から終生住んでいた家は、松坂城跡の近くに、現在も保存されている。


宣長の墓は、彼の遺言状の指定通りに二つある。


一つは、本居家の菩提寺「樹敬寺」にある。

もう一つの墓は、遺言状に「他所他国之人　我等墓を尋候はば　妙楽寺を教遣可申候」と書かれ、松坂市の南側にある。

「他所他国之人」の私は、妙楽寺に向かった。

駅前からタクシーに乗り、約十キロメートルの道程だ。

本居宣長のもう一つの墓は、妙楽寺の裏山にあり、ほとんど訪れる人がいないのか。妙楽寺は無住と言ったような姿で、山の中に在った。

山頂近くの墓所は、眼下に伊勢湾があり、石垣に囲まれ、墓の塚の上には、山桜が植えられていた。

「本居宣長之奥墓」と刻まれた石碑が建っていた。質素で素朴で清潔感があり、美しかった。


私は、今、本居宣長の「遺書」に極めて惹きつけられ、繰り返し読んでいる。

私がはるかに還暦を越し、本居宣長が逝去した七二歳に近づいているからである。

二〇二〇年の東京オリンピック開催時に、私は同じ七二歳になる。

先のオリンピックが東京で開かれた時は、私は高校二年生であった。

私は国語のT教師から、繰り返し、

「本居宣長を読みなさい……」と諭され、弓道部の練習後にT教師の下宿先に立ち寄り、本居宣長の文体に即して、訓語注釈付きで、その思想を叩き込まれた……。

「おのれを捨てて、学問をすれば、おのずとおのれの生き方が出てくるはずだ……」が、T教師の口癖であった。

併せて私は二宮尊徳の報徳思想を、祖父・川出幸三郎から叩き込まれました。

私の人生の中で、自身の身の丈にしっくりと在った考え方は、二宮尊徳の「積小為大」と本居宣長の「遺書」だ。

「古事記」に対する〝言語独自の力〟を信じ、謎めいたわけの分からない物語を私は、高校三年間、T教師から無批判のまま受け入れ、懸命に薫陶を受けた。

現在、私は、デスマスクを作った。

私は遺影も撮り終え大きく引き延ばした。

私の遺言著も言える著作本は、三十作品を超した。

私はT教師と読んだ「葦別小舟」の考え方が今よみがえる!!

「萬葉」に「障り多み」と読まれた川に乗り出した小舟のこぎ手は、いつも一人という考え方には、今も大きな影響を受けている。

「もののあわれ」とは、古来に日本に伝わる大切大事なことだ。

右も左も、今「本居宣長」を再評価する時がきているはずだ。

私は、二〇二〇年の七二歳まで、生きているだろうか。

平成二十七年二月吉日　　高須基仁

まえがき　私と岡倉天心

「亜細亜ハ一」（アジアは一つ）と提唱したのは、近代日本を代表する文明思想家の1人、岡倉天心（1863年生―1913年没）だった。

この一文を記した石碑が茨城県の北茨城市の五浦に実在すると知り、4月15日に岡倉天心の日本美術院研究所跡を訪ねた。

岡倉天心が没して約25年後の1937年、日中戦争が勃発した。天心が1903年、ロンドンで出版した『東洋の理想』（The Ideals of the East.）の冒頭の言葉「Asia is one.」は大東亜共栄圏という戦争遂行の理念の一つとして〝拡大解釈〟され、一躍その名は世に広まった。その背景の中、昭和17年にこの地に建立された石碑の文字「亜細亜ハ一」は日本画家・横山大観が揮毫《きごう》した。

その後、天心は1904年にニューヨークで刊行された2冊目の『日本の覚醒』（The Awakening of Japan.）の中で、日本の民族的独立のプロセスを歴史的に論じるとともに、西欧文明の在りようを批判した。折からの日露戦争もあって、日本民族独立の考え方は世界から注目を浴び、大きな評判をよんだ。3作目として1906年、同じニューヨークで発売された『茶の本』（The book of tea）は茶道の紹介を通じて、日本人の美意識の独自性と東洋文明の精神性を強く主張した。

岡倉天心の日本国に対する熱情は今再び、見直されなければならない。天心が死して約100年が経とうとしている。日本の芸術が浮世離れした道楽ではなく、日本芸術を重視することこそ、日本の輝かしい将来に繋がっていく……、と力強く訴えた天心の存在は、平成の現代から見るとなんとも頼もしい。天心が世界に向けて発信したこれらの3作の提案は現代社会にも息づいている。

本書における3名との対談は、縦軸に岡倉天心的日本の自主独立、独立独歩、自力更生の考え方を念頭に置いた。一方、横軸には、3人の対談相手それぞれの赤い血の流し方を赤裸々に語ってもらった。

元航空幕僚長の田母神俊雄氏とは、直近の国家からの理不尽な打ち首について、互いの前歴を開示して語り合った。『月刊WiLL』編集長の花田紀凱氏は、大手出版社、新聞社から、石もて追われた事実を明らかにしながら、流転の末、小さな出版社に籍を置く、現体験をあからさまにした。東條英機の孫娘、東條由布子さんは、A級戦犯の孫娘として世間から揶揄され続けたが、それを跳ねのけ、めげることなく、今も反戦・平和を訴え続けている。70歳になった今でもだ。

私は好色と幽玄を礼賛する平成の岡倉天心になりたい。

新国粋ニッポン闘議　目次

第二章

花田紀凱VS高須基仁
覇道出版プロデューサーと保守王道雑誌編集長

マルコポーロ廃刊の裏側と戦後のおもちゃ屋
戦後エンターテインメント産業を担ったユダヤ!
文藝春秋と朝日で編集長
メディアの責任者の気概
雑誌メディアは滅びるのか!
右翼、左翼という時代じゃないでしょう!
全学連の私たちは赤軍のようなことは考えていませんでしたよ!
赤軍とは!
『月刊WiLL』が及ぼす国民への影響

第三章

田母神俊雄VS高須基仁
防衛庁に突っ込んだ男と防衛省を守った男

第一章

東條英機を愛した漢《おとこ》と
東條英機に愛された孫娘

東條英機元首相の御孫令

東條由布子

VS

元全学連

高須基仁

- 失われた古き良き日本文化
- 日本はアジアの盟主！
- 大東亜戦争と東條英機
- ＴＢＳの東條英機のドラマは日本の史観に風穴を開けた
- 死を見つめることが生きるということに繋がる
- 愛国心あふれる娘婿のアメリカ人
- 困難を極めた遺骨収集の現状
- 天皇陛下の靖国神社ご親拝について
- 団塊世代が変わらないといけない

●失われた古き良き日本文化

高須――私が日本文化の中で、1番美しいと思うのは「雑巾がけ」なんですよ。

東條――懐かしいですね。

高須――現在、雑巾がリサイクルやエコと言われていますが、私は「ここが日本人の心の原点だ」といつも思っていますよ。かつては食卓用の台布巾があったり、トイレ用、廊下用、畳用の雑巾があったりしました。貧乏な家でも金持ちの家でも同じように雑巾があって、その雑巾にも格式があったと思うんです。

東條――面白い話ですね。

高須――昔は雑巾文化というものが原点にあったのですが、それを伝承できていないんです。私はいつも『雑巾の格式』ということが、日本文化のベースだと思っていました。ゴミを拭き取り、バケツで濯《すす》いで、その水すら大事に使っていました。雑巾がけをしたらその後、米糠《こめぬか》の入った袋で床を拭いていました。今のワックスみたいにツヤが出ますからね。このように無駄を出さない。全てを大切にするということが日本人の美しいところなんです。

東條――そうですね。

高須——戦後から昭和30年ぐらいまでに生まれた子供たちは、手を洗ったあと、手拭いで拭いて、その手拭いがボロになったら、縫って雑巾にして、また台布巾も使い続けて痛んできたら、汚いところを拭く雑巾にしていくというサイクルがありました。

東條——素晴らしいリサイクルですよね。やはりそれは日本人の清潔感からきたものですね。

高須——そういうことです。昔は日本人に美しい雑巾の品格があったんですがね。それがいつの間にか、ダスキンやモップ、薬剤の付いた便利な布になってしまって、私は常々このことが日本をダメにしている。古き良き日本文化の一つが忘れられていっていると思っているんです。

東條——そうですね、ちなみに高須さんは何年生まれですか？

高須——昭和22年です。

東條——私より8つ下だけど、そういうことは経験されているのですね。

高須——はい、子供の頃から雑巾がけはやっていました。あの頃は戦後なので、子供は男も女もなく、「やりなさい」と言われていました。今は台布巾まではあるんですけど、雑巾がけをするっていうことがほとんどなくなっていますよね。

東條——そうですね、だいたい今、板の間の家がほとんどないでしょう。狭い土地に、ぎりぎりで家を建てますから、まず廊下もないのですよね。だからゆとりの空間がないですよ。私たちは学校へ行く前に2列に並んで、端から端まで雑巾がけをしていましたよ。ご飯ができると、母が「お膳拭いてちょうだい」と言いますから、まずお膳を拭きます。それが古くなると雑巾にします。こういうことを知っている世代と化学雑巾しか知らない世代ではその差は大きいですね。

高須――まさに、そう思います。雑巾って打ち捨てられたものという感じがしますが、それすら大事にしたんです。これが雑巾の品格です。まあ、モノに対しての想いですよね。

東條――そうですね。

高須――また、たとえば私は静岡出身なので、お茶の葉もそれが言えるんです。お茶は新茶の良い時や良質なお茶もあるんですが、飲んでしまえば、そんなことは関係なく、出がらしになったものを全て畳に撒いて、埃をとっていたんです。お茶の葉って、出がらしになると、広がって普通の葉っぱになるんですよ。

東條――私たちもやっていましたよ。必ず畳に撒いて、箒で掃くと全部埃をとっていきますから。お茶の葉がない時は、新聞紙をちぎって畳に撒いていましたね。

高須――今では「埃の舞わない掃除機」というCMがあるじゃないですか。あんなものを見ていると、何でこんなところまで機械化されてと思うんです。お茶の葉で十分ですよ。

お茶の葉も雑巾も、日本人にとっては最後まで使わせてもらう大切なものなんです。

東條――いよいよボロになると、玄関などの汚い所を拭いて、最後に捨てますよね。

高須――そうです。私の子供の頃は自転車が貴重な時代だったので、機械油を差して、「自転車磨くのにこれを最後に使いなさい」と言われて、ボロをくれるんです。当時は化学洗剤もないので、油をいっぱい拭き取って真黒になるんです。

東條――同じような生活ですね。私が東京に出てきたのが、昭和25年ですけれども、当時は台所の横に細い路地があって、そこにお釜があったのです。井戸水を使って、薪でご飯を炊いていましたよ。薪で炊いた後、燃えた薪を水でジュッと消して、消壺の中に入れて、翌日またその消し炭を入れて、新聞を丸めて火をつけて、その上に薪をのせてご飯を炊くのです。私は薪でご飯を炊くのはとっても上手でしたよ。噴き上がった時に、小さい火にして、最後蒸らすのです。

高須――炭も今のような炭じゃないですよね。消し炭といって、どんな家でもそうだったんですよ。消し炭は、ふわふわしていて、軽いからすぐ火がつくんです。読んだ新聞紙を丸めて使うのもリサイクルですよね。

東條――そうですよ。そして洗濯は洗濯板でしたものです。

高須――洗濯石鹸で顔を洗うと肌がガサガサになるので、洗濯石鹸とお風呂用の石鹸の2

種類があったんですよね。シャンプーもリンスも、ボディソープもない。だから今でも私は頭から体まで全部一つの石鹸で洗うんです。うちの親父もそうやってきたから、私の息子にも「石鹸1個でいいんだよ」と言っています。それでバスタオルなんてシャレたものがないから、1本の手拭いですよ。この手拭いがまた雑巾になるんです。だから1本の手拭いが、最後には油雑巾になるんですよ。そこまで物を大事にした日本は、今のように簡単に物を捨てない国だったんです。このことを今の日本は失っている。どんなに古く朽ち果てた所に住んでもいいんです。それでも清潔に生きるっていうことが大切なんですよ。

東條――そうですよ。日本は世界一物を大切にし、世界一清潔な民族なのです。

高須――ほんのこの間まで、日本は清潔だったような気がするんですよ。いつの間に簡単に物を捨て、新しい所に住んでもだらしなく、汚く生活するようになったんですかね。新しいということと清潔ということは意味が違うんですよね。また古いということと汚いということも違う。昔の日本人が大切にした清潔に生きるという心が受け継がれていない気がします。

もう一つ、ご飯の時にもいつの間にか「いただきます」を忘れてしまった。昔は100人いたら100人全員が、手を合わせていましたよ。

東條――ええ、でも最近また、「いただきます」と手を合わせるようになりましたよ。

高須――そうですね。一時のふざけたゆとり教育と、今の学校教育、幼稚園教育も少しは変わってきましたね。

東條――昔、ご飯の時は、『このご飯には、天の恩、地の恩、人の恩がこもっております。ありがたくいただきます』と言いなさい」と言われてやっていましたよ。ご飯をいただく時は、必ず拝んでいましたよ。

高須――ええ。私は、「『お百姓さん、お父さん、お母さん、ありがとうございます』と言ってから食べなさい」と言われていました。それに昔は「お弁当、お弁当、うれしいな……」という歌がありましたよね。今でも幼稚園ではやるんです。でも小学校ではほとんど教えていない。この教育を誰が壊したんですか？　今の小学校で誰が壊したんですか？　これを壊したのはまさしく日教組だと思うんです。色々な政治的配慮以上に、いつの間にか、お弁当の歌を小中高でやらなくなったことが、「国旗を掲揚しない」「国歌斉唱をしない」ことにまで、繋がっていると思っているんです。それはどうしてかというと、基は食べることから全てが始まっているからです。生きるためには、今みたいに贅沢に色々なものをたくさん食べなくても、死なない程度に食べないといけないわけですよ。自分の命の源である食事ができることについての感謝感激を忘れているんではないかと思うんです。子供たちに「食」について、また「食べること」について、「どれだけ重要なのかということを教えているのか！」と言いたいですね。生存するにはまず食べることですよ。

東條——そうですね。あまりにも飽食過ぎるから。昔は「私の方が少ない」と言って泣きましたけど、今は「私の方が多い」と言って泣く時代ですからね。飽食の時代っていうのは物を粗末にします。

高須——ところがここ何十年ぶりに、大阪で餓死の人が出てきたんです。この間、ある50歳ぐらいの男性が我慢して、我慢して、炊きたての白いご飯を食べたいと言って死んだようです。所持金はたった90円だったらしいですが、それは昔と違って、全く物が食べられないんではないんです。今の飽食時代ですから。生きるためにプライドを捨てて、コンビニでも行けば、それは捨てられるおにぎりでも、弁当でもくれるでしょ。腐って捨てるという物ではないですから。それができないというのは奇妙なプライド、奇妙な自尊心が邪魔しているんだと思います。それともう一つは、隣組というか、地域の仲間というか、本当に腹を割って話せる相手がいないということだと思います。心を一つにするために、本当に心を打ちあけ合うという絆を持っていない日本人が多いんです。もちろん今の行政も悪いと思いますが、その前に人と人の絆、助け合いの精神はどこにあるんだろうと思うんです。今私は一人ぼっちで生活していますから、より強く思うんです。この「白いご飯を食べたい」と言って死んだ事件は私の心に一番響いていますよ。食への感謝、物を大切にする心、またみんなで助け合う気持が〝雑巾の品格〟を失ったとともになくなったように思うんです。日本人として根本的な所作を失ったと……。

東條――ありとあらゆる場面で古き良き日本が、みんななくなってしまいましたね。結局、日本はあらゆるものに八百万神《よろずのかみ》宿る神道の文化が基本にありますから、お日さまが出たら、拝む。風が吹けば、涼しい風にありがとうと感謝して拝む。何にでも手を合わせるのが、心の宗教です。今でもアフリカの未開のところでは太陽に感謝して拝むとか、昔の日本に近いところがありますよ。やはり私は神道を壊したのは誰ですかと問いたいです。神道を壊したのは連合軍です。戦前、戦中から日本が自然に手を合わせていたことを無理やりにはぎとったのはＧＨＱですよ。戦後の連合軍のやり方（占領政策）というのが、何十年たった今でも日本人の心を荒廃させているのです。

高須――そうですね。今一度、古き良き日本文化を再確認し、「物を大切にする」「食またはすべてのものに感謝をする」「みんなで助け合う」という美しい日本を取り戻さないといけませんね。

●日本はアジアの盟主！

高須——私は、年に1回「ハリマオ会」という会を主宰しているんです。

東條——「ハリマオ会」というのは、あの石ノ森章太郎の『怪傑ハリマオ』[※1]（原作・山田克郎、作画・石ノ森章太郎）ですか？

高須——そうです。あれが子供の頃大好きだったので、そこから名前をとったんです。昭和の初めにマレー半島あたりで盗賊をしていた後に日本陸軍の諜報員となったといわれる谷豊をモデルにした物語ですよね。それで以前、私がハリマオのマンガの復刻版を上下巻で出したんです。子供の頃東南アジアに憧れていて、大東亜共栄圏[※2]ではないですけど、アジアという地域に全ての興味がいくんですよ。アジアの人たちは、やはり顔立ちが似ているし、そのことはとても重要なことだと思うんです。

東條——そうですね。親近感がありますよね。

高須——ハリマオという人が、実在か架空か、いろいろな説がありますけど、国を想って東南アジアへ出て行った人に、血沸き肉躍るんです。

東條——そうですね、良い話ですよね。

高須——我々日本人は、アジアの盟主たるべきという思いが強いんです。かといって、盟

※1　**怪傑ハリマオ**…昭和35年4月5日～昭和36年6月27日まで放送されていたテレビ映画。抑圧される東南アジアの人々を解放するために、黒いサングラスと白いターバンをつけたハリマオが活躍するというストーリー。

※2　**大東亜共栄圏**…日本、満州、中国、東南アジアが一体となって、当時の欧米列強に立ち向かうための政策。昭和15年8月11日の松岡洋右外相談話で初めて使われた。

主は位《くらい》ではなく志であって、高いところからモノを見てはいけないという考え方を持っていました。日本だけではなく、アジアのとりわけ中国は尊敬もしています。しかし今の日本は、日本人はアジアの盟主たる品格をもっと持たないといけないと思うんです。東南アジアでは、先の大戦については賛否両論ですが、南方では日本に好意的ですよね。

東條――そうですよ。「南方特別留学生」[※3]制度は本当に素晴らしいものでしたね。今でもあの制度を復活して欲しいという声を聞きます。本当に大事なことだと思うのです。たくさんの南方の学生たちが日本に留学して、色々なことを学んで、祖国の復興のために帰っていったわけでしょう。そして総理大臣になったり、大統領になったりしているわけではないですか。今から思えば実にグローバルな考え方でしたね。「南方特別留学生」制度なんて、素晴らしい制度ですよ。

高須――それが、アジアの盟主たる一つの形だったんですよね。それは洗脳をするんではなかったんですよね。

東條――そうです。今のメディアは、東南アジアのみんなは未だ日本に対して怒っているというけれども、それは正反対です。東南アジアの南方特別留学生制度が、戦後の東南アジアを発展させるのにどれだけ役に立って、東南アジアの人たちがどれだけ日本に対して感謝しているのかということをメディアは伝えないのです。

※3　**「南方特別留学生」制度**…昭和18年～昭和19年の間、日本がマレーシア、インドネシア、ミャンマー、タイ、フィリピンなどの東南アジアから招いた留学生。

高須――大東亜共栄圏が全てですよ。

東條――大東亜共栄圏ね。

高須――左翼メディアが「大東亜共栄圏という言葉が良くない」と言って、ステレオタイプで同じことを報道しても、今大事なのは、大東亜共栄圏という考え方だと思うんです。これを提唱した時に誰が嫌がるのかというと、欧米が嫌がるだけなんです。アジアが一つになると欧米の脅威になるから、させたくないだけなんです。

東條――昭和18年11月6日の大東亜会議[※4]の時に出された「大東亜共同宣言」は素晴らしいですよ。東南アジアの国々を団結して発展させていこうという宣言をアジアの国の人々は一度は読むべきですね。あの全文を読むと感動しますよ。

高須――本当にそうですね。前文が短いし、それでいて内容が深い。

東條――日本が国連から統治委託を受けた国に入ると、すぐに学校をどんどん作りました。文字が読めない人にはその国の言葉を教え、日本国民に近い水準に引き上げるために日本語も教えました。そうして下水道や電気、灌漑《かんがい》用水や工場などのインフラも整備しましたね。

高須――はい。日本の国費を使ってインフラ整備をしましたよ。それで、母国語を捨てさせて、日本語教育をしたとか、メディアが言いますけど違うんですよ。母国語を捨てろ

※4　**大東亜会議**…東條内閣が、昭和18年11月5、6日に開催したアジア諸地域の首脳会議。中華民国行政院長・汪兆銘（おうちょうめい）、タイ国首相名代・ワン・ワイタヤコーン、満州国国務総理・張景恵、フィリピン共和国大統領・J.P.ラウレル、ビルマ国首相・バモウが出席し、自由インド仮政府首班・チャンドラ・ボースも陪席。会議終了後、大東亜共同宣言が出された。

と言っているわけじゃないです。今でいうバイリンガルですよね。

東條――もちろん言っていません。軍人などは韓国名のままで昇進しましたし、韓国名の国会議員もいましたよ。

高須――日本語と母国語を両方教えたのは、日本に留学する時に役に立つからです。今でも中国などで日本語学校が流行っているのと同じなんです。昔の日本でも英語であれ、ドイツ語であれ、フランス語であれ、学んでいましたが日本語を捨てたわけではない。今でもそうです。英語の授業が義務化されて、日本語と英語を勉強しているではないですか。それを植民地化されたとはいわないですよね。実際に東南アジアには英語を話せる人がいっぱいいるわけで。要するに、日本はアジアの触媒国になろうとしていたんです。盟主であり、触媒である。そこからみんなで欧米列強支配[※5]の世界に立ち向かおうとしていたんですよね。そのための教育制度を作っていたんですよね。

東條――そうです。日本でもよく戦争中は、アウトはだめとか、セーフはだめとかメディアは言っていますが、そんなことはないのです。英語教育なんて戦中もしっかりやっていたんです。この間、ある方からお手紙をいただいたんです。昭和18年に「あなたは立派に英語を履修しました」という表彰状を貰ったといって、そのコピーを送ってくれました。当時の日本も、決して英語は捨てていませんよ。きちんと英語教育をやってい

※5 **欧米列強支配**…アメリカ、オランダ、イギリス、フランスなどの欧米諸国がアジアを含め世界を植民地化し、搾取していた状況。

たんですよ。あまりにもメディアは嘘の報道が多すぎると思うんです。

高須——私のおふくろも結構、英語を喋れるんですよ。私の84歳のおばあさんは、英語が読めますよ。

東條——でしょう。女学生たちはしっかり勉強していましたもの。

高須——また、その一方では長刀の練習もやっていたんです。戦時中の少しの間、途切れたことはあったけど、家から英語の本がなくなることはなかったんです。

東條——そうですよね。

●大東亜戦争と東條英機

高須——戦前の日本は、アジアの盟主として生きてきた。教育も街づくりも。しかし、そこで欧米のプレッシャーがかりました。そこから戦争へと入っていったのですが、やはり戦争中、確かに苦労された方はたくさんいますよ。

東條——いますよ。

高須——原爆を落とされた広島も長崎も、大空襲のあった東京も、アメリカ軍に上陸された沖縄も、それは悲惨で表現することがないほどだったと思います。それを忘れてはいけませんが、実は静岡県掛川市あたりは戦争での激しい被害はあまりなかったんです。

東條――空襲はなかったのですか。

高須――まあ、機銃掃射や艦砲射撃はあったらしいですが、おふくろはそんなことより、「基仁、戦争中にあったあの地震のほうがよっぽど怖かった」と言っていました。昭和19年の東南海地震で起こったマグニチュード8近い大地震です。愛知から静岡あたりで1000人以上の死者・行方不明者が出た。これの方が怖かったと言っていました。もちろん徴兵で多くの人が戦争に行くのですから、戦争が始まって終わったということは実感していると思うんですけど、その苦しみや悲惨さは東京や広島、長崎、沖縄の人たちとは違ったようです。こんなことは言ってはいけないけど、戦争によって日本国民が心を一つにしたということはある意味で、すがすがしかったと言うんです。それは軍人の人や、国のために亡くなられた人のことを考えないのではなく、激しい空襲のない場所と悲惨な場所とでは実感が違うということなんです。おふくろの兄貴も戦争に行っていますから、その悲しさはあったと思います。だから、おふくろの兄貴から送ってもらった中国の珍しいオルゴールをほんのこの間まで大切にしていましたよ。その伯父さんはシベリアから帰ってきて、肺結核で昭和25年に死んでいるんですよ。

東條――結構、歳が離れていたのですか。

高須――離れていました。私はこの戦争は悲惨なものばかりだけではなくて、プラスのものを残している面もいっぱいあると思うんです。その中でも東條英機[※6]元首相が残したものを、私はあちこちで言っています。いっぱい話しているんですよ。

東條――私は特攻隊の人たち、また兵隊さんの遺書が何よりの遺産のような気がします。あの精神は最高ではないですか。あれだけ格調高く、また国を想う心を強く持っている。三島由紀夫さんが「もう自分はかなわない」と言って、涙した本当にたくさんの遺書。ああいう心をぜひ学ぶべきだと思います。戦争を学ぶのではなくて、日本人の心を学ぶのです。清く、気高く、熱い心を。あれだけの文章は、今の日本ではもう見られませんね。

高須――私もそう思います。ただ、そんな戦中でおふくろは、東條英機元首相をどのように見ていたのかと思うんです。日本軍、日本の兵隊さんの代表ですから。私が今回、「東條由布子さんにお会いする」とおふくろに言ったら、うちのおふくろは、「私の代わりに拝んでくれ」と言うんですよ。今の世の中で、東條英機元首相は否定的な人物評をされることが多いのですが、ある一方から大変尊敬されていると思うんです。その尊敬されていた東條英機元首相の長男の英隆さん、その良妻の幸子さんがおられて、今の東條由布子さんがおられる。昭和から考えると、80年以上経って、まさに「拝んでくれ」と言

※6　**東條英機**…明治17年生まれ。40代内閣総理大臣に就任し、大東亜戦争を開戦。情報処理能力に長け「カミソリ東條」と言われた。終戦後、東京裁判でA級戦犯とされ、昭和23年12月23日に絞首刑に処せられた。現在多くの歴史資料から人物評に関しては再評価されている。

われるような、そこまで尊敬される人物がいるだろうかと考えてしまいます。自分の代わりに拝んできてくれと言うほどの人物が……。その当時の日本人の想いは今の日本人とは何か違うんですよね。

東條——やっぱり国民が心を一つにしていたのですよ。

高須——拝んできてくれとは、当然、当時の内閣総理大臣ですから、神とも思ったんだと思います。今、拝んできてくれと言われる戦後の総理大臣がいるだろうか。私がもうちょっと歳をとった時に、息子に「おい、代わりに拝んできてくれ」という人物がいるだろうか。いませんよ。その人物の孫にその人への想いを重ねられるような、そんな偉大な人はいませんよ。だからいかに東條英機元首相が、当時の国民の心の中心に住んでいたのかということ。もちろんその奥の崇拝すべきところに天皇陛下がおられたとは思うんですが、いわゆる国民の代表ですよ、東條元首相は。その東條英機元首相に対してはいろいろ論評されていますが……。東條英機元首相が裁判の時に、国民服を着ていらっしゃいましたよね。

東條——はい。

高須——その姿の写真を見て、私はより尊敬の念を抱いたんです。国民とともに戦争を戦ったんだという心がわかりました。そうでなければ、背広を着ていてもいいじゃないですか。戦争の評価はどうあれ、国民服で亡くなられたというところに、私は強烈に心打たれるんです。ですから、私も今日のために、国民服をオーダーして着てきたんです（笑）。

東條――似合っていますよ。眼鏡も当時のものみたいですし（笑）。でも祖父は、やっぱり国民とともに戦って、国民とともに死を迎えたのですから。

高須――東條英機元首相の残したものを、伝えていかなければいけないと思うのですが、団塊の世代とか、ベビーブームとか、いろいろ言われる私たちの世代が、東條英機元首相の負のイメージを植え付けたように思えてしようがないんです。私たちの時代は自分で勉強しなければ、東條英機という人物のことがわからなかったんです。その理由と言いますか、学校教育で東條英機のイメージを広く伝えられなかった理由は何なんでしょう。

東條――それは先ほど言いました、古き良き日本文化を断ち切ったことと同じように連合軍の政策ですよ。政策をうまくいかせるために、「あなた方国民は善良ですから、悪かったのは軍部なのです」ということを植え付けるために、占領軍は太平洋戦争史[※7]を、NHKと朝日新聞と岩波書店で伝えたんです。岩波書店は書物、朝日は新聞、NHKはラジオ放送で「あなた方国民は犠牲者なのですよ。悪かったのは軍部なのですよ」と。要するに連合軍が悪いのです。アメリカは原爆を落とし、ソ連は日ソ中立条約[※8]を破ってソ満

※7　**太平洋戦史**…昭和20年12月8日から約10回にわたり、連合国司令部記述として全国の新聞紙上に連載された宣伝占領政策。同時にNHKラジオでは同様の内容の「眞相はかうだ」が約10回にわたり流された。

※8　**日ソ中立条約**…1941年に日本とソ連が締結した条約。互いの領土の保全と相互不可侵を定めたもの。

国境を越えてきました。様々な悪いことをやってきましたけれど、その悪いことは一切報道させなかった。報道管制を引いた上で、連合軍に関しての過去（酷いことをやった事実）のこと、東京裁判のことには一切触れてはいけない。なおかつ日本の過去のこと、国家神道、あるいは大東亜戦争のことなど33項目にわたる報道管制を敷いた上で、連日ゴールデンアワーで太平洋戦争史というものを流しましたね。それは、占領政策をうまくいかせるためだったのです。ですから、「原爆を落とされたのは私たち日本人が悪かったからだ」とイメージ付けていった。これは実に巧みな占領政策でした。

高須――そうですね。私は、東條英機元首相は被害者じゃないかという気持ちがあるんですよ。「国民がそう（戦犯者にさせたこと）やったんだ」「（開戦だって）納得したんじゃないか、お前ら」「なんで、いまさら、自分たちは関係ないという顔しているんだ」と強く言いたいですね。

東條――だから当時はみんな心を一つにして戦ったのですよね。だからこそ高須さんのお母様のような想いを持ってくださる方もおられるのでしょう。

高須――あれだけ多数の方が亡くなられて、それで負けたけど、先人たちはみんな命を賭して生きたんだと思います。だから戦後は何もないなかから、復興させることができたんだと思います。今の生活は大変豊かになりました。しかし今は間違えた思想が蔓延しています。生活は裕福になっても、食べたいものを食べることができても、心が荒んでいます。

東條――そうですね、心が荒廃してきましたね。

高須――東條英機元首相が残したことを、団塊の世代は誰も総括できないんですよ。私は周りに色々話すんですけど、何回、言っても分からないんです。根っこまで、毛細血管の隅々まで浸透するぐらい徹底した歪んだ戦後教育がされたんだなと思いますね。そこでお訊きしたいのですが、東條英機元首相は誰の影響を受けていたんですかね。

東條――祖父は、北畠親房の「神皇正統記」に感銘を受けていたようで、思想家の三浦義一先生に講義を受けています。先生は早稲田大学を出られ、北原白秋のお弟子さんで皇室を詠った歌が多い歌人でもありまから、神皇正統記には国体論、継統論、神道論、政治論、武家論などが書かれています。政治論や、戦術、軍事などにも参考になったのでしょうね。楠木正成[※9]公もまた尊敬していたようですね。

高須――楠木正成公ですか……。「廃仏毀釈[※10]」じゃないですけど、皇居前広場に銅像で残っていますよね。

東條――そうですね。我が家には楠木正成公が馬に乗った置物がいくつかありましたね。まだ私が小さかった頃、銅像の周りに巡らされていた太いチェーンに叔母と寄りかかっ

※9　楠木正成…鎌倉時代末期、南北朝時代の河内国の武将。建武の新政の立役者として足利尊氏らと共に活躍。その後、足利尊氏の軍と戦い湊川で自害。最後まで勤王をつらぬき、明治以降「大楠公」と称される。

※10　廃仏毀釈…仏教寺院・仏像・経巻を破毀し僧尼など出家者が受けていた特権を廃するなどを指す。

て、祖父の車を待っていた記憶があります。

高須――東條英機元首相がいて、当然ご家族がいて、終戦の時には孫である由布子さんは6歳ですよね。小学校入る前ですね。あの激化していた時代で、総理大臣の孫の由布子さんには警護がついていなかったんですか。

東條――そんなのいませんよ。祖父でも東條の氏神さまの北沢八幡宮に毎日、1人でお参りに行っていたそうですよ。

高須――そうですか。

東條――当時の日本人はみな命を賭けていたわけですから、首相であっても、そういちいち警備をつけてはいなかったのでしょうね。以前、偶然お会いした人に「私が神社の前の馬場で馬に乗っていたら『坊やは上手だね、お国のためになる子になりなさいよ』と、由布子さんの祖父に言われたことがあります」と言われました。そして、祖父はよく馬に乗って街中を視察していたそうです。子供に会うと馬から降りて、頭を撫でながら「良い子になるのだよ」と言ったそうです。頭を撫でられた何人かの女性とも出会いました。また、市中を視察している際、ときにはゴミ箱も見たたらしいですね。側近の情報だけではなく、自分の目で国民生活の事情を確かめたかったようです。生活が窮乏していれば野菜の切れ端も、魚の尻尾も捨てられてないはずだと。それを自分の目で確かめたかったようです。東京大学の伊藤隆教授が監修された『東條英機内閣総理大臣機密記録』が東大出版会から出されていますが、その中で赤松秘書官[※11]との会話が書かれています。祖父は「マスコミは、私をゴミ箱を見る卑しい首相のように言っているらしいが、何と言われても自分は構わない。私はただ国民の本当の生活事情が知りたいだけなのだ」と言っています。この書籍を読んで、私も何だかホッとしました。

高須――その話の真実も知らずに、一部のメディアは批判したりもしていますね。当時から反東條的な人間もいるわけではないですか。ですから、由布子さんが遊んでいる時に、警察が見張るとか……。

東條――そんなことはありませんよ。総理大臣の家族と言っても、特別な身分ではないのですよ。総理官邸や私邸にはおまわりさんはいましたけど、祖父は警備も付けずに1人で歩いていましたね。現在では考えられませんけど。昭和20年8月15日に玉音盤奪取事件[※12]がありましたけれど、その数日前に青年将校の不穏な動きを知って、祖母は祖父が三鷹近郊にお住いの阿南大将のお宅に1人で出かけたと言っていました。SPを付けるということは自分の命を守るためでしょう。中曽根首相が昭和60年8月15日に公式参拝と言って靖国神社に行かれましたね。その前日に藤波官房長官から聞いた参拝の仕方が余りに無礼なので、松平宮司様はお迎えも、お見送りもせず社務所にこもっておられたそ

※11　**赤松秘書官**…赤松貞雄。東條英機元首相の陸相秘書官・首相秘書官。小松崎力雄陸軍少将の弟で陸軍大佐。

※12　**玉音盤奪取事件**…国体護持の確証ない終戦は納得できないとし、青年将校は詔書の録音レコードを奪い玉音放送を阻止しようとしたが、玉音盤の奪取にも失敗した事件。

うです。ところが、新聞で陛下も警護をお付けにならず御一人でお入りになる御部屋に、中曽根さんは3人のSPを連れて入ったことを知り、「もしわかっていたなら追い返したものを！」と憤慨された話が『中曽根首相の無礼な参拝』という小冊子で書かれています。人生観というか死生観の違いでしょうね。

高須――身を捨てていないっていう表れがSPの数ですね。暗殺されたら暗殺されたでいい。それよりも今の政治、国を良くするんだという気概がSPを必要としないんですね。いつでもそんな覚悟をしていたんですね。

東條――そうですよ。時の為政者とはそういうものです。日本人に限らず、世界の為政者はみんな身を捨てる覚悟があったと思いますよ。

高須――ですよね。そうが故にみんな一人一人が立ちあがったんですよね。国民一人一人が覚悟を持っていたということですね。

東條――そうですよ。昔の政治家はそういう人が多かったですね。だから特攻隊の方々も身を捨てて、行かれたではないですか。それは自分のためではないです。家族を守るため、お国を守るためですよ。みんな身を捨てて散華されましたよね。そんなことを忘れて感謝もしないで、遺骨も収集しないのが今の日本の現状です。だから、おそらく昔の人たちの気持ちを理解できないのだと思います。

高須――私たちが生きているということは次世代への礎《いしずえ》なんですよね。特攻隊で散華された方々も、現世の私たちの礎になっているんですよね。私もそう思います。命を賭して私たちの礎になられたと。

私は学生時代からいわゆる左派として生きてきましたけど、リベラルの人たちは国のために命を賭すという気持ちがないんですよ。ただ、自分の名声のためだけに生きているような気がしますね。だから今回のこの企画（本書）で、姜尚中《カンサンジュン》と対談やらせてくれと（編集者に）言ったんですよ。スケジュール調整ができないと言われたみたいですけど。私は、姜尚中が、ＮＨＫの紅白歌合戦に出たことについて訊きたかったんです。それだけではなく、ＮＨＫの日曜美術館の司会も始めたようで、「本当の国の礎になることは、タレントになることではないでしょう」「マイクも拾えないような、囁《ささや》き戦法で茶の間の主婦の人気を集めている場合ではないでしょ」「あなたにとっての日本とは何ですか」「日本を大切に思うならば、その礎になる気であれば、その行動は違うのではないでしょうか」と詰問したかったんです。東條英機元首相を、様々な人が批判をしていますが、今の日本の礎は、「東條英機元首相以外に誰かいるのか！」と、私は問いたいんです。姜尚中自身に、東條英機元首相のことを訊いてみたいです。

自分の胸を打ち損じて、それで生きながらえた。それから長い裁判をして、12月23日の深夜零時に亡くなられた。そんなことを私のような左翼は、ちゃんと知らないで生きてきたわけです。「悪い人、悪い人だ」と聞いて。南方（戦地）から帰ってきたうちの親父もいたわけですが、みんな口を閉ざして……。ということを考えていくと、自決もできない、また生きて、それでまた殺されて、総理大臣になった時から死ぬ覚悟ですから……。1回目は総理大臣就任時、2回目は開戦時、3回目は8月15日を含めた終戦時、4回目は昭和23年12月23日午前零時です。私は「東條英機元首相のこの4回の死というものをどう思うのか」「戦争責任としてこれだけのことをした人は誰かいるのか」とリベラルの奴らに聞きたいんです。「その孫である由布子さんが、どういう形で生きられたのか」ということをリベラルの者も含めて、日本中が見るべきだと言いたいんですよ。

今後まさに、東條英機元首相の人物評を見直すこと、その結果が賛否両論でもいいと思うんです。もっと東條英機元首相のことを語り合うということが、結局戦後を語ることになるし、日本を語ることになると思うんです。1回、死を意識して長らえるということ、それでまた殺される。それは想像を絶するわけです。どんな人間も、今この本を読んでいる読者にも想像して欲しい、その心と、その姿と、その意地を！

東條――やはり何も言わずに、陛下に罪がいかないことだけを想って、どんな濡れ衣を着せられようが、何をされようが、黙って死んでいった軍人たち。でもやはりいつかは本当のことを知って欲しいという想いがあったはずです。だからこそ祖母が母に出した手紙の中に、「百年の後の名期せ」と祖父が娘たちに言ったという和歌があるのですけど、どんなに達観していようが、やはり本当のことを知って欲しいという想いがあったと思います。松岡洋右さんが、祖父に出したあの長い、長い巻紙の手紙の中には、「アメリカの心を掴んでいた自分が、第3次近衛内閣から放逐されなければ、絶対に日米開戦にならなかったのだ」という文章があるのですね。手紙を祖母に託して、「お前の命にかけて、これを守ってくれ。お前が時が来たと思ったら、これを出してくれ」と。それはせめてもの祖父の想いだったと思うのです。そこには、近衛さんのことが、やはり恨みとして書いてありましたから、祖父としては、「お前が時が来たと思ったら、これを出してくれ」と言ったのです。それを祖母が、88歳になった時、国会図書館の歴代の総理大臣のコーナーに出しました。まだあの裁判(東京裁判)をやっている最中、祖母が母に宛てた手紙の中に、「父上の誠忠、誠忠と忠義、その誠忠が汚されるようなことがあった時には、この青酸カリを飲んで死にましょう」という文があります。私は何て言いますか……、身の引き締まる思いがしましたね。そこまで夫を尊敬して、愛して止まない祖母の想いを感じました。私はすごく、あの1行がたまらなく好きなんです。本当に凛としたものを感じましたね。

と思うんです。

高須――ですから、由布子さんを見ていても「凛」としたものがあるんですよ。東條英機元首相であり、その御孫令である東條由布子さんの生き方っていうものは、もうすでに自らPRをするより、周りがどう見て、どう広めていくのかという時代にそろそろ来たと思うんです。

東條英機元首相を真ん中の天守閣として置いた時に、これを守るためには内堀と外堀くらいは最低必要だと思うんですよ。その内堀はメディア、外堀は世間というものだとすると、内堀は少しずつ固まりつつあるとも思うんです。ゴールデンブック[※13]にこそ載っていませんが、当時ナチスの迫害からユダヤ人を逃がし、ドイツからの抗議に「当然なる人道上の配慮によって行ったものだ」と一蹴した東條英機元首相。これがまだ広まってはいません。樋口季一郎中将と安江仙弘大佐はゴールデンブックに載っていますが、東條英機元首相が載っていない。これには何かあるのかもしれませんが、その精神は国だとかではなく、人間同士として、そこに差別も区別もないんですよね。

東條――そうですね。人間として、そこに差別も区別もないからこそ、ユダヤ人を救ったわけです。日本は昭和13年12月にユダヤ民族救済の決定をしていますね。国家が決定したからこそ、外交官の杉原千畝は昭和15年に6000人のユダヤ人を救えたわけですね。その2年前に関東軍はソ満国境のオルポート駅に終結していた数万人のユダヤ人を安

※13 **ゴールデンブック**…ユダヤ人が同族出身で世界的に傑出した人物を登録した書物。樋口季一郎・元陸軍中将ほか、日本人も数名登録されている。

全圏に逃しています。国家がユダヤ民族救済の決定を出す9ヶ月も前に関東軍は行動を起こしています。

高須——こんな誠実な軍人たちを貶めて、今の日本は一体どうなっているんですかね。

東條——昔から日本という国は、素晴らしい国なんです。誇りに思わなければ。感謝しているからこそイスラエルはこの軍人たちをゴールデンブックに載せたのです。

高須——今、東條英機元首相が生きておられたら何歳なんでしょう。

東條——126歳ですね。

高須——日本最長寿者が110何歳くらいですから、もし東條元首相がそうであれば、死んで20年ぐらいですよ。今こそ東條英機という人物の本当の評価を確定していいと

思います。

東條――誤解されるのはとても困るのですが、要するにあの戦争の最高責任者が、きちんと評価されない限り、あの時の日本は評価されませんし、いつまで経っても悪い日本ということになってしまうのです。また、祖父を頂点とする部下たちの名誉は、永久に回復されない。それが一番、私たちにとって悲しいことです。

●ＴＢＳの東條英機のドラマは日本の史観に風穴を開けた

東條――筑紫哲也さんは、折角良い番組を提案しながら亡くなってしまいましたね。

高須――筑紫が微妙に変わっていたんですよ。

東條――そうなんですか！

高須――筑紫哲也が癌になって亡くなった後、ここ（グランドプリンス赤坂）でお別れ会をやったんですよ。その時、私も来たんです。「何千人来た」とメディアでは言っているけれど、実際はパラパラでしたよ。たしかにかっこいいとか、ミーハーのファンはいましたよ。筑紫が微妙に変わったなって思ったのは、体壊してから、ちょっとイメージ変えたんじゃないんですかね。彼は、確かに反戦平和であるけれど、アプローチの仕方が変わったし、歴史認識が少し変わったのではないかなと思うんです。

一部の人間は、筑紫さんは最後までリベラルを気取ったと言っていますけど、彼はリベラルではないんですよ。派手にテレビに出て、それは間違いなく目立ったと思います。彼はただ平和を願った人だと思います。ゴールはみんな平和なんですよ。左翼も右翼もゴールは平和！　いろんな意見の中で、一方的な批判から賛否になり、賛までいかないけれど、認めざるを得ないというところがあったんではないですかね。私は筑紫さんが亡くなる前に、先の大戦（大東亜戦争）についての評価の全面撤回が聞きたかったですよ。確かに沖縄と広島については、それなりの想いがあったと思います。最後、大江健三郎に対しての評価を、どうしても訊いてみたいと思ったんです。だから、お別れ会の時、遺影に向かって、「筑紫さん、大江健三郎について、どう思いますか？　あなたの部下みたいな人間が、あなたのエピゴーネンが、たくさんいますが、それについてどう思いますか？」と言ったんです。本当は病床の中で何を思ったのだろうかと……。死をもって、何を伝えたのかということ。それが自死でも、他殺でも、「死」をもって、何を伝えたのかと……ということの大事さを、最近考えているんですよ。

東條——私も、筑紫さんが変わったなと思ったのは、筑紫さんの番組のプロデューサーが、私を4年間、8月15日になるとずっと追い続けてきているのですね。1回、2回、3回と裏切られて。それでもまた取材にくるのです。番組が出る度に、「またやられた！　もう二度と出演しまい」と思うのですけれど、あまりの熱心さと、彼の人柄が素晴らしいので、思想はかなり違うのですけれど、ついついまた出て、後悔するんです。本当に私も懲りないですね。４回目にまた取材依頼があって出たのです。それが筑紫さんの最後の８月15日になりましたね。その時は、祖父母が最後まで住んでた用賀の私邸までロケに行ったのです。ほとんど面影はないのですけれど、少し庭の樹木が残っていて、祖母がよく採ってくれた柿の木だけがそのままでした。その日の番組は彼が言う通り、私が言ったことをほぼそのまま出してくれたのです。また珍しいことに、スタジオには先日亡くなられた上坂冬子さんを呼んで、筑紫さんと対談されていて、驚きました。今度は裏切られなかったなと思ったのが、最後でしたね。

高須——死生観、生きて死ぬ。筑紫は無念の思いで死んでいったのではないかと思うんです。いろいろやっても、最後は神・仏だったと思いますよ、私は。

東條——やっぱり、微妙に変わったのかもしれないですね。

高須——その時、かすかに、〝東條英機〟に触れたような気がするんですよ。今までさんざん東條英機元首相の悪いイメージを植え付けていった日本のメディアを牽引していましたけど、そのＴＢＳ（筑紫哲也氏がキャスターを務めるＮＥＷＳ23が放送されていたテレビ局）が、この間、日本史観に風穴を開けるようなドラマ（ＴＢＳで平成20年12月24日に放映した東條英機のドラマ）を放送しましたよね。

東條――そうですね。昨年暮れに放映されたＴＢＳの3時間半のドラマは見ごたえがありました。北野武さんが東條英機に扮したのがちょっと違和感ありましたけれど。でも今まで出たことがない暗号解読の事実や、統帥権問題、真珠湾攻撃を知った時のルーズベルトの満面の笑みや、昭和16年9月6日の御前会議から開戦までを克明に描いていましたね。

ドラマといえば、最近、広田弘毅さんの生涯を描いた「落日燃ゆ」が放映されましたけど、数年前にこんなことがありました。黒木和雄という監督さんが会いにみえたのです。テレビ西日本が広田さんの生涯を描くドラマの制作中でした。すぐそこにロケ隊を待機させているので、どうしても出て欲しいと言われ取材を受けたのです。その時、黒木さんはこんなことを言われました。「このドラマを制作するためにたくさんの本を読んでいたら、最初の思いとは反するような気分になってきました。もしかして、終戦後、貴女に石をぶつけたのは僕じゃなかったのかと悩むようになりました。ちょうど、僕の世代だったのです。そして、どうしても貴女に会いたくなったのです」と。誠実に語る黒木さんに温かいものを感じました。どんなドラマになったのかと、興味津々で観たのですけど、びっくりしました。全く面白くない単調なドラマに仕上がっていたからです。獄中でひたすら体操をやっている広田さんの後ろ姿ばかりを映していたんです。きっと広田さんも、テレビ西日本も物足りない思いをされたのではないかと思いましたね。以来、面白いもので、黒木さんのドラマや書き物がよく目に留まるようになりましたね。ドラマは、描く人によっても、歴史の捉え方によっても、随分違ってくるものですね。昨年暮れのＴＢＳのドラマによって、東條英機の人間像も大きく変わってくる気がします。

高須――東條英機元首相はまさに人非人《にんぴにん》というイメージを少なからず変えてくれました。私の年代で大学まで行っていたらエリートですよ。それですら、すごく積極的に勉強をしない限り、人間としてこれだけ悩み抜いた東條英機元首相のことはわからないんです。エリートの中のエリートたちでも本当の東條英機元首相という人物がわからないですから。

東條――悪ではないのですよ。軍人、国民、みんな国のことを思っていたのです。

高須――実は先々週、ビートたけしさんに会ってきたんです。銀座のレストランで食事をしながら、話していたんですけど、話した内容は東條英機元首相のことばかりですよ。彼はドラマで東條英機元首相を演じていましたからね。

東條――彼は東條をどういう風に思っているのでしょう。

高須――彼は約15年前に1度、事故を起こして、死んだも同然だったんですね。そういうところもあり、彼は1回、死をイメージしているんです。やはり生と死ということをしっかり認識して生きていますよ。東條英機元首相について、いろいろ言っていましたけど、その中で印象深かったのは、「何も言わないっていうことって、いいよな」という言葉です。結果的には、「東條英機元首相、男はやはり沈黙という存在でいいのかな」ということです。

東條――ああ、そうですか。

高須――彼は昭和22年の足立区生まれで、いい男ですよ。最後に「どういうふうに東條英機を理解して演じたの?」と訊いたんですよ。

東條――それを聞きたかった……。

高須――「どういう想いでやったの?」と訊いたら、「うん……」ってしばらく考えてから言ったのは、「きっと、想いは一点だったんだろうな」「陛下、昭和天皇が好きだったんだろうな」「それできっと、明治に想いを馳せたんだろうな」と言っていましたよ。まあ不敬な話だけれど、男が男に惚れるという、「そのような想いが昭和天皇に対してはあったのではないだろうか」と、そう言っていました。まさしく「主従」、もう本当に主従ということで、世間に100%の尊敬とするなら、それがあったんだろうなと。「今の日本人に100%の尊敬って、高須さんあるか？」と言うから、「俺はねえよ」と。100%の尊敬。そういうものが、かつての日本にはあった。それは東條英機元首相の場合は、天皇陛下であったと。家族より先に天皇陛下だと思うんです。

東條——もちろん、そうですよ。

高須——今の時代、何もないんですよね。

東條——生まれた時から、もうそういう教育ですからね。

高須——天皇陛下に100%の想い……。

東條——そう。陛下の御為《おんため》ならば……。昭和16年9月6日の御前会議の決定を白紙還元って言われたらもう、ただひたすら白紙で。日米交渉に命を賭けて、苦しみと悲しみと、責任。そこがやはり12月7日の慟哭に繋がっていくわけですよね。

高須——まあ彼（たけし）がドラマの中で大泣きした時、「いやぁ、思いが強すぎてさ、下手んなっちゃったんだよ」と言っていましたよ。

東條——うーん。何となく、彼の性格が見えたみたいな感じでしたね。

高須——ただたけしさんの言う、100%の主従関係、これが侍の殿様の関係とも違うんですよね。今の政治家の派閥の親方との関係とも違う。ヤクザの親方とも違う。また親子とも違うんですよ。

東條――だけどそれは東條に限らず、あの特攻隊の若い人たちにも同じ想いだったのではないでしょうか。

高須――ええ、おそらく同じような想いが繋がっていくのですね。

東條――若い人たちにあそこまでの遺書を書かせるには何かがありますよ。

高須――それが男系の……、まあ、こんなこと言ったら、由布子さんは女性ですから。

東條――やはり男は良いですね。明らかに男と女は性差があるのに男女同権なんて。やはり男は羨ましいなと思います。

高須――私も男ですが、東條英機元首相が羨ましいと思いますよ。男として羨ましい。だって誰にでも、死は必ず来ますから、同じ死ならば、絶対の主従関係、１００％の主従関係を築ける生き方は羨ましいですよ。格好良いとか悪いとかではなくて男が生きる本質として。

東條――昭和天皇様はそれはすごいお方ですよ。

高須――明治・大正・昭和時代で最も臣民として絶対の主従という形を貫き通したのは、東條英機元首相だと私は思っています。他にもたくさんいますけど、一心に、一心に貫き通したのは、やはり東條英機だと思います。

●死を見つめることが生きるということに繋がる

高須――生きると考えた時に、重要なことは死生観ですね。私が最も言いたいことは、先ほど由布子さんが少し言いましたが、手を合わせる重要性です。もっと言えば戦後の子供たちの頃には、生があれば死があるということを近場から見ていましたよ。直接言葉で教わりはしなかったけど、生きること、死ぬことの教育が周りにありました。戦後の教育は、生があれば死がある。どれだけ生きても100年。でも1000年先を憂うということは大変重要なことだ。人間どう生きたって100年ぐらいの時間しかないので、その間を精いっぱい生きるということを教わりました。今はそんな教育がないですよ。生の教育はあるけど、生死の教育って言うものがないです。生きて死ぬ。その間には苦があって、楽もあって、生の後には死があるということを見据えて生きれば、もう少し根性があるんではないかと思うんです。やらなければならないことがそれぞれの中にあるような気がするんですよね。

東條――それは戦前・戦中にはありましたよね。たとえば日本人の精神の底流には仏教が流れています。帰依する心が流れていますよね。

高須――流れています。

東條――何ものにも手を合わせるという神道の心がありました。戦前は仏教もあれば、神道の心もある。精神的なものと本当の宗教的なものの両方があるから、何か悪いことをすると罰が当たる。何かあると仏様が守ってくださるという安心感があり、死のことも恐れない。亡くなると神になるという神道の精神があるから、決して死んだ後を恐れていない。でも戦後はそうじゃないんです。戦後は占領軍が入ったので、非常にリベラルになって、宗教的なものがすべて排斥されました。

高須――私は人間の一生を刹那で考えるのか、人間の一生を宿命で考えるのかによって大きく考えが違ってくると思うんです。

東條――そう思います。

高須――そして生まれたこと自体が、「あなたが生まれてきたことだけで、とっても大事なことなんだよ」と教え、悲しいことがあっても、いろいろな苦悩があっても、必ず楽しいこともある。そして必ずみんなに死は来るから、命がある限りは精いっぱい生きなさいということを教えてもらいましたよ。

東條――親には事あるごとにいろいろ諭されましたよね。日常生活の会話の中に、悪いことをしたら罰が当たります。人に嫌なことをすると、必ず自分に返ってくるのよと教わりましたよ。因果応報ということはよく言われました。

高須——今の時代は、子供の時から自分の命は永遠ですよと思っているんですよ、現世で。そのことの思い上がりが、いろいろな精神的悩みを持たせるんです。朝日新聞は、ハッキリ言って死を見つめてないんですよ。私はほんの数年前まで、相当、朝日新聞を信用していましたよ。天声人語は読み込んで、そのバックナンバーは全部持っています。歴史観でいえば、それは軍部にやらされた指示だからとか、あらゆることを信じていました。でも最近は朝日新聞がどうも信じられなくなったんです。生の部分だけ、それも架空の理想論だけ語って、ずっとそれがエンドレスだと錯覚をさせるのが朝日新聞ですよ。でも人生が終わるんだと思った時に、変わらずに生きていく教育は何だろうということをメディアはやってこなかったし、学校の先生もそういうことを教えなかったですね。

東條——昔は修身の教科書がありましたよ。そこには、「良いことをしていれば天国に行けるし、悪いことをしたら地獄に落ちるんだ」ということがいつの間にか分かるように書かれていました。悪いことをしていると力チ力チ山の狸みたいに火がついたり、猿蟹合戦だって、人に悪いことばかりしていると罰が当たったり、そんなことを日常的に教えられていたのです。それを今は、昔の良いものは全て捨ててしまって、変な民主主義が入ってきてしまった。だから日本人が営々と築いてきた精神文化がみんな変質してしまいましたね。

高須——日本人の哲学があるとするなら、自然にみんなが等しく持ったものです。戦後教育で哲学っていうのは難しいものだと、哲学というものは一部の優れた人がやるもんだと洗脳してきた。戦後より多くの欧米的な哲学論が出てきましたけど、私に言わせれば、哲学というよりも、童話とか、じいさん、ばあさんの背中を見ているだけで、おやじの姿を見ているだけでも、隣組を見ているだけでも、人間の在り方みたいなものがわかる。哲学って、そんなもんではないんですかね。

東條——そうですよね。自然に、日常的に入っていましたもの。

高須——学校の先生に影響を受けたのだろうかと思いつつも、私、実は意外と影響を受けてないんですよ。影響受けたのは体育の先生ぐらいです。社会科の先生とか、結構バカにしていたんです（笑）。先生が言っている意味はわかります。しかし家庭で植え付けられているものが違ったので、いつも何か違和感を持ちながら聞いていましたね。

東條——それは家庭の教育がしっかりしていらしたから、理解できたんだと思いますよ。戦前の家庭って、自然におじいちゃん、おばあちゃんと一緒にいましたよね。お年寄りと一緒だといろんな面で思いやりの心も出てくるし、優しさも出てくるし、たくさん教わることがありますよ。今は核家族になったために、お年寄りの知恵とかも教えてもらえないし、愛情も伝わらないんです。ですから核家族になってしまったということは日本にとって大きなミスですよ。

高須――そうですね。たくさんの家族がいるんですけど、私は一人でポツンと生きて、それぞれの家族の中に影響を持とうとしても、息子たち、娘たち、また孫にもどういう影響を与えることができるのだろうかと考えた時に、ここまで来てしまうと、本で残していくしかないんだと思ってしまうんです。文章として子供や孫たちに伝えたいと思うんです。

東條――同じ家にお年寄りがいるということは良いことですね。ついこの間アメリカの娘と孫が来ていましてね、私が母にベッドの横でご飯を食べさせていたんですよ。ゴックンという咽の音を聞いて、次の一口を入れるから、ほんの少しのご飯を食べさせるのに1時間もかかるのです。4歳の孫が私の横に椅子を持ってきて、「時間がかかるね」「バアバ、大変だねぇ!」と言ったんです。実感でしょうね。こういうことって一緒にいて初めてわかるんですよね。「でもご飯を食べさせてあげるのが、バアバの役目なのよ」と言いましたけど。そういう体験は、やはりお年寄りと一緒でないとできないんです。介護が必要になったらみんな簡単に施設に入れますが、それはすごくかわいそう。私はご飯を食べさせる時、母の顔を見ながら「本当にお母さん、終戦後大変だったわね」といつも言います。母はもう何もわかりません。わからないけれど、そんな思い出話をしながらご飯を食べさせるんです。わからなくても母は笑って頷いていますよ。

●愛国心あふれる娘婿のアメリカ人

高須――由布子さんの娘さんがアメリカ人と結婚して、メディアにも出ましたよね。

東條――ええ。

高須――その辺について、話を聞かせてもらえませんか？

東條――東條家では2人目なんです。最初は東條英機の末娘がアメリカ人と結婚しました。叔母がインタビューされているのを、あるアメリカ人が聞いていて、「お父さんが処刑されたにも関わらず、何と酷いことを聞くのだろう」と思ったようです。叔母は、アメリカのミシガン大学にフルブライト留学生※14で留学しましたが、そういう好意的な方々のお陰で楽しい生活を送ったようです。帰国後、昭和30年代にアメリカ人と結婚したのです。まだ、終戦後10数年しか経っていない時代でしたから、多くの日本人にとって大きなショックを与えたようでした。当時の週刊誌には「国賊」という文字が躍っていました。「毛唐」などとも書かれていましたね。私もいろいろ取材されましたが、祖母が一番大変だったと思います。その時に祖母がマスコミの矢面に立って、「私は夫（東條英機）と相談いた

※14　**フルブライト留学生**…日米政府出資による教育交流プログラム。奨学金制度がある。

しました」と言ったのです。もちろん夫は死んでいませんけど、「夫と相談しましたら、『君枝が一番幸せな道を選んでやれ』と申しましたので、私は結婚を許可いたしました」と言ったのです。まさか自分の娘がアメリカ人と結婚するなんて夢にも思っていませんでした。東條の祖母が日露戦争の直後、明治40年に日本女子大に入学していますけど、斬新でかつアメリカナイズされた教育を受けていますね。その大学ノートを見てみますと、アメリカの底力、アメリカの国の在り方とか、様々なことを絶賛しているのです。ということは明治生まれの人でも敵だとか味方だとかいう前に、地球に住む人間として、どこの国の人も隔たりをもたないで、ストレートに良いものは良い。そういう捉え方をしていたのですね。私も祖母の大学ノートを見て、ずいぶんモダンな人だなと思いました。だからこそ、娘の結婚にも賛成したのだなと何十年も前に思ったのです。

今度は、私の娘がアメリカの大学に入った時に、夫はサラリーマンですから、お金があり余る家ではないし、母の年金と家計をやりくりしながら学費を送っていたのです。それで娘がとっていた航空整備学というのは、道具が30万円と掛かるわけですよ。「今度この道具がいるのだけど、どうしても30万円ないと困るの」と電話で言ってきた時に、「ママ、お金がないから、そんなに高いものは買えない」と言いました。そうしたらアメリカ人の同級生が、色々なところからかき集めて、娘にワンセット与えてくれたのです。その人と結婚したのですが、温かい人で、彼は結構歴史のことを勉強していて、(大東亜戦争について)日本だけが悪いのではないのだよなどと教えてくれていたようです。そういうこともあって私は、彼に対して悪い感情を持っていなかったのですよ。平成13年9月11日(9・11[※15])の3日前の8日に求婚のために日本に来たのです。私たちに承諾を得るために2人でやってきた。その3日後9・11が起きた時、彼はホテルで一晩中泣いていたそうです。「国が大変なことになった」「僕はもうアメリカに帰る」と。娘が「彼があまりに取り乱しているから、ママ、明日アメリカ大使館に連れて行って」と言うものですから、私は朝5時に起きて彼をピックアップして、アメリカ大使館まで連れて行ったのですけど、警備がすごくてもちろん入れない。でも、アメリカ大使館のそばまで行ったということで、彼がいくらか落ち着いてきたのです。でももう結婚どころじゃないと。結婚はしない。僕はアメリカに帰って戦うと言って、11日から14日まで毎日、成田でウェイティングしていました。ようやく14日に230番目ぐらいで乗れそうだと、空港に早く行っていた娘から電話がありました。その時に娘がどんなに落胆するだろうかと心配になって、成田空港まで車を飛ばしたんです。抱き合って涙に咽んでいる2人を、離れた場所から椅子に座って眺めていて、2人はせっかく結婚の承諾を得に来たにも関わらず、こんなことになってどんなに悲しいだろうと思ったのです。それで私は娘

※15　**9.11**…平成13年9月11日にアメリカのワールドトレードセンターにハイジャックされた飛行機が激突したテロ事件。

に囁いたんです。「彼と結婚していいわよ」と、「もしもアメリカがまた平和になったら、結婚しなさい」と言ったんです。なぜなら、恋人の両親に結婚の承諾をもらいに来ながらも、国家の一大事に、国のために恋人を捨てて、全て捨てて帰って行くという、愛国心に溢れる青年を見た時に、こんな青年が今の日本にいたならば、日本はこんな風にならなかったなという気持ちと同時に、特攻隊の若者たちは恋人も肉親も、学業も全てを捨てて、国のために戦場に飛び立って行きましたよね。そういう方々と重なったんです。だから、私はアメリカが平和になったら結婚していいと思ったのです。でもその時には、主人にも、他の娘にも、息子にも、私が結婚していいと言ったことは、言わなかったのです。彼女は1ヶ月ぐらいしてからアメリカに帰ったので、私はひそかに、彼と娘にエンゲージリングを送りました。イニシャルを入れて。結婚してもいいわよと。そして2人は弁護士さんを保証人にして、教会で3人だけで12月24日クリスマスイブに式を挙げたのです。それを私は誰にも言わなかったのです。黙っていたのですね。私が勝手に承諾したということがバレたら、すごく怒られるだろうと思って言わなかったのです。翌年の夏休みに日本に帰ってきた時に、日本閣で正式に結婚式を挙げたのですよ。

高須——なるほど、すごい話ですね。東條英機元首相も国賊と言われ、お嬢さんも言われても関係ない。威風堂々としている。そこが凄いなと思うんです。

東條——日本とアメリカは戦争をしました。一時期には敵味方になっても、そんなこと関係ないですよ。心はもっとグローバルですよ。

高須——これは東條英機元首相が残した一つのゴールですよね。いろいろゴールはありますが。お嬢さんも曾孫もアメリカ人と結婚した。

東條——そうです。みんな仲良くしていかないと。やむを得ず敵味方になっていただけなのです。

高須——そうですよね。

東條——戦争が終わったら関係ないと思います。

高須——ノーサイドですよね。

東條——そうです。東條英機は全て自分が背負っていくから、あとは世界中が平和になってくれという想いがあるのですよ。

高須——その一つが、末娘とアメリカ人の結婚ですよね。そして由布子さんの娘さんがアメリカ人と結婚したのも東條英機元首相の世界平和のための一つの願いだったんですね。

東條——私はそう思います。だから遺書の中に「負けた国、勝った国、中立国を問わず、一大慰霊祭をやって欲しいと、それが世界平和の礎になる」とはっきり書いてあります。

高須――書いてあります。これが一つの証になるんでしょうかね。

東條――そうですね。決してアメリカ人だ、日本人だ、インド人だという差別はない。たまたま欲が出ると争いごとになるけれど、「地球上、欲を捨てない限り、争いごとは絶えない」ということも東條英機の遺書に書いてあります。戦後60年経ってもなお、地球上のどこかで必ず戦火が絶えないですね。

高須――東條英機元首相の一つの願いが叶っているんですよね。

東條――と思います。

●困難を極めた遺骨収集の現状

高須――遺骨がこれだけ散らばっているってことについてどう思いますか。収集よりも、もうそのまま置いておくという手もありますか。

東條――いえ、私はそうは思いません。

高須――やっぱり、持って帰ってくる。

東條――骨の一片でも、愛する夫、懐かしい兄弟のものであれば、持ち帰って欲しいでしょう？　愛しくて抱きしめたいという想いだと思います。私たちでさえ、先輩方のお骨を抱きしめて涙に暮れましたもの。遺骨に対する日本人の思いは深いのです。戦地の石ころでも、泥でも、かつて夫が触れたかも知れないものなら何でも欲しいと思いますよ。それが日本人の感性だと思いますよ。死生観が違う中国などは、お墓を暴いて骨を踏みつけたり、粉にしたり、お墓を爆破したりするそうですが、お墓を神聖なものとして大切にする日本人には理解できないことですけどね。

高須――それがなぜ、今そのままになっているんですかね。

東條――それはあの戦争を日本国民、日本政府が総括していないし、侵略戦争をやったという感覚でずっときていますから。あの戦争は悪い戦争だし、それに参加した兵隊さんは悪いことをやったのだという感覚でいるから、御国のために戦ってくださった方ではなく、侵略戦争をした悪い戦争の先駆けとなった人だという感覚が拭い去れないのではないでしょうか。本気であの方々が、御国のために戦って散華されたと思えば、どんなことをしてでも自ら遺骨収集に行くでしょう。日本政府があの戦争を未だに中国の言いなりに侵略戦争だと思っているからいけないのです。閣議決定まで出して、村山談話のような愚かなものが出る。それを歴代の首相が、「侵略戦争をして申し訳ない」という村山談話を踏襲するではないですか。だから積極的に行こうという感覚がないのですよ。

高須――僕は麻生さんになって、もう少しやるかなと思っていたんですけど。

東條――遺骨収集なんて行ったことないでしょう。

高須――安倍さん行ったことないですか。

東條――ないです。

高須――ちょっとアンダーグランドで（遺骨収集の件）言っているんですよ。

東條――本当にそう思っているのなら、自ら泥んこになって遺骨収集に行くと思いますけど。あの野中さんと古賀さんが、親が戦死してから50年も経って、慰霊に行くと言ってマスコミに大きく報道されましたけど、本当なら遺骨収集に行かれるべきですよね。こんなに遺骨収集の遅れが問題にされているのに、彼らは政府に対して国家の責務だと抗議すべきではないでしょうか。古賀さんは、まして日本遺族会の会長ではありませんか。決して心から英霊を悼んではいない気がしてなりません。

高須――誰か遺骨収集に協力的な政治家っていますか？

東條――安倍さんは、2年前に私が厚生労働省と一緒に行って、厚生労働省がちょっと書類上のミスをして遺骨が持ち帰れなかった時に、私はパラオから安倍さんの事務所に電話をしたのですね。ペリリュー島[※16]からの電話をちゃんと受けてくれて、「ちょっと待ってください、内閣で持ち回りをして相談しますから30分待ってください。必ず電話を入れますから」と秘書の人に言われたのです。厚生労働大臣と外務大臣と安倍さんが協議し

※16　**ペリリュー島**…現在のパラオ。昭和19年9月半ばから2ケ月余り激戦を繰り広げた島。

てくれて、できる限りのことをやってくれたのですよ。でも、結果的には書類が古くて遺骨を持ち帰ることができなかったのですけれども。その時は本当に何度もペリリュー島まで電話をくれました。すぐ動いてくれました。

高須――ペリリュー島には遺骨がいっぱい残っていますよね。

東條――はい、まだ5、6000柱残っています。今までは、なぜか厚生労働省は「集めた遺骨をそこに置いていきなさい」と言って、持ち帰ることを許さなかったのです。要するに厚生労働省は南洋諸島の遺骨収集は昭和40年代に全て終了したと言っているために、やたらと民間人が行って山のような遺骨を持ち帰るのは困るのでしょう。面子に拘《こだわ》っているのか。死亡診断書を書かないといけないと言うのですけど、まあ、死亡診断書なんか書けるわけはないのですから。でも一応そのようなことに従って、私たちは持ち帰れなかったのです。それでたまたま、タイミングがいいとは思うのですけど、実は京都にNPOの「空援隊」という団体があって、その空援隊がフィリピンに遺骨の調査に行っているんです。そこにアルピニストの野口健さんが合流しているのですよ。ついこの前ですが、遺骨を400何十柱、その空援隊が持ち帰ったとニュースでやっていたんですね。それでよく調べてみると、厚生省が関わるということなら、焼いて持ち帰っても良いということになったらしいのです。厚生労働省は平成元年から平成15年までパラオには自ら遺骨収集に行ったことがなかったのですから、民間人でも焼骨して厚生労働省に届ければ良いと思うのですけれど。私は平成8年から遺骨収集をはじめ、いつもパラオ政府とはやり取りをし、行ってはトラブルもあるんですけど、ずっと今まで来たわけです。パラオという国は政府がOKしても、現実に遺骨のあるペリリュー島の州知事がOKしないと遺骨収集はできないのです。私はずっと厚生労働省に法律に従ってやりますから、収集したものを焼骨させてくださいと言い続けていたんです。骨を持ち帰れないために、この骨が売り買いされています。私たちの先輩の骨がお金にされているなど許しがたい事です。現地にいる悪い人間が「どこどこの山に埋まっているよ」というファックスを厚生労働省に送る。それに従って厚生労働省が調査に行きます。すでにその骨は他の場所に埋め変えられている。そういうことを15年間ずっとやっていたんです。これを続けるのであれば、骨を盗んでいるビデオもあるし、アメリカ軍もその現場を見て怒っていると、だから私はこれを公にしますよと、何度か手紙を出しても全然ダメだったんですよ。

高須――ペリリュー島では遺骨を本当に商売にしていますよね。

東條――はい。でもこの2年前の事件以来、厚生労働省がすごく協力的になったんです。偶然なことに、先日（平成21年3月30日）パラオ政府からの承諾とペリリューの州議会で、ＮＰＯでも遺骨収集しても良いということを可決してくれました。パラオは大統領も州知事も替わり、遺骨収集に関する法律も変わりました。先日お２人に会いましたが、「日本将兵の遺骨は祖国日本にお返しするのが一番幸せだ」と言ってくださいました。戦友たちは目の前に戦友の遺骨があるのに、何で祖国に連れて帰れないのかと悲しんでいました。御遺族がお元気なうちにお返ししたい。名前が入った鉄兜や、飯ごう、頭蓋骨がかけておられた眼鏡、名前入りのスコップ、名前が入った馬のブラシなど身元が判明する手がかりもあります。ＮＰＯ法人で焼骨できれば、骨を盗まれることもありません。アメリカは未だに、大東亜戦争や、朝鮮戦争、ベトナム戦争で行方不明になった将兵の遺骨を捜索しているのです。彼らが出征する時に、「君達の遺骨はどこで戦死しても必ず祖国に帰す」と誓約しています。彼らは30、40人のチームを組んで、かつての戦場を船で長期間、回ってています。それが国家の責務ですよね。チームには看護士さんも、お医者さんも、考古学者も、ＤＮＡ鑑定家もいます。その場でＤＮＡ鑑定ができ、日本将兵の遺骨との区別もできるのです。一緒にやっていければいいなと思いますね。

高須——それはすごいですね。あと遺骨を盗む人がいなくなればいいですね。

東條——これからは、厚生労働省と一緒に行って焼骨して持ち帰れますので、骨泥棒はいなくなると思います。長年旧戦場での遺骨収集に従事されていた青年遺骨収集団、京都の空援隊や野口健さんたちや、若い人々の協力を仰いで、まだ113万柱の未収骨の遺骨を日本にお連れする活動を敏速にやっていきたいと思っています。ただ、一つ気がかりなのが不発弾の処理です。日本政府は現役の自衛隊員は海外には派遣しないと言いますが、中国に現役の自衛隊員を10年間派遣していますから、ぜひ派遣して欲しいと思いますね。

高須——遺骨というものに対して、一般の日本国民はどのように考えているんですかね。

東條——遺骨に対しては熱い想いを持っていると思いますよ。だから、ご遺族が生きている間に持ち帰ってあげたいなと思っているのです。名前が分かるものもありますもの。これから私たちが発掘しようと思っているのは、ブルドーザーでアメリカ軍が何から何まで全て埋めた4、5000柱が埋まっている対戦車壕と、5、600柱を埋めたもう1本の対戦車壕です。3年前に、実際に埋めた当時の米海兵隊員と一緒に密林の中を探査したんですね。そうしたら、金属探知機に反応したんです。対戦車壕には三八銃[※17]も手榴弾も装備品も日常用品も全て埋めていますので、6000柱を掘り起こしたら認識票も出てくると思います。アメリカ軍が発掘のやり方を教えてくれました。ユンボで3、4メートル下から掬《すく》い上げて、その掬い上げた中のものを、手作業で骨と爆弾とを分けないと。4、5000柱を掘り上げるにはどんなに早くても3年はかかるでしょうね。

※17　三八銃…明治38年に日本陸軍が正式採用した小銃。

厚生労働省がサインさえしてくれれば、希望者を募って1日でも、3日でも1週間でもいいから交代で、人海戦術でやろうと思っているのです。

高須――6000柱は大きいですね。

東條――はい、大きいです。現にブルドーザーで埋めたという人たちと一緒に測量したのですから確かでしょう。戦車を落とすので4メートル、3メートル幅に、450メートルと50メートルの2本あります。海岸から250メートルぐらい入った密林の中に対戦車壕がありますが、金属探知機に反応する場所を少し掘ったら、通信機が出てきました。

高須――こんなこと言ったら英霊が怒るかもしれませんが、これも平和の証ですよね。掘って日本に持ち帰ることが平和の証になりますよ。

東條――栃木の第14師団と水戸の第2連隊が1番多いんですけど、栃木の第14師団は中国から南下してきたようですね。気候が違うので大変だったでしょうね。

高須――そうですね。

東條――その中になぜか沖縄の第一中学校や第二中学校のノートがあるんですね。そして洞窟の奥の天井に島袋と掘ってあります。だから中学生も戦ったのですね。はやく、ご遺族にお返ししたいと思いました。

高須――このようなことを報じるメディアはどこがあるんですか。

東條――以前は日本テレビと一緒に行きました。ちょうどその時は60回忌だったので、カナダのメディア、アメリカのメディアなど、色々なメディアが来ていましたね。その時にカナダのメディアが逮捕されたんです。通報されて逮捕されて、すごい賠償金を取られて、全部没収されてしまったの。(そのカナダのメディアが) 明日取材したいと言うので待っていたら、逮捕されていたのです。可愛い女性の隊長でした、全部で14名。その中に日本の元兵隊さんも2人いまして、賠償金を払わなければ、出国させないとも言われていました。私が遺骨収集に行く前にパラオの日本大使館から「来たらパラオ政府が逮捕するそうだ」という通告がありました。逮捕するなら、どうぞと言う感じで行っていました。でも行けばお互いアジア人ですから、意思の疎通はあるのです。菓子折りを持って行けば雰囲気も和らぎますし、掘っても良いということになるのですよね。

高須――それは東條英機の孫だからですかね。

東條――いやそうではなくて、民間人がやるのが越権行為みたいなのですよ。まだそこまで厚生労働省の気持ちがクリアになっていなかったのでしょう。だから今回空援隊が400数十柱焼いて持ち帰ったということは戦後初めてですよ。これからも私たちは、ペリリューに腰を据えてやりますけれど、厚生労働省も一緒に行くと言ってくれました。

何チームかに分けて交代でやりますと。だから活発に動くと思います。パラオの大統領も好意的ですしね。一昨年、(日本で)机と椅子が500セットをいらないかと言われ、330セットを船で送ったのです。それを現地で凄く感謝されて、大統領や大臣や州知事からたくさんの感謝のお手紙を頂いたのです。やはり遺骨収集をさせていただくわけですから、私たちも誠意を示さなければいけませんものね。他の人が行く時にも小さな文房具を持たせています。遺骨収集がスムーズにいくように。

高須――もっとこのことが日本でも広く知られていけば、日本人の自虐史観や戦争に対する意識も変わっていきますよ。無気力で、ニートになっている奴らは、一度遺骨収集に行けばいいんです。きっと生きる素晴らしさや、命の重みを感じるでしょうから。

●天皇陛下の靖国神社ご親拝について

東條――東京裁判で7人が処刑された後、毎年祥月命日には北白川宮家から陛下の御使いの方がお見えになり、陛下の「東條の家族はどうしておるだろうか?」とのお言葉を賜り、御下賜の御品を頂戴していました。両陛下が真珠湾にお出でになる前に靖国神社に御親拝いただきたいと願っています。

高須——私もそう思います。素朴に考えて、今の日本の存続は東條元首相なくして、もっと言うと、A級戦犯なくしてないわけですから、天皇陛下には、ぜひ靖国に御親拝していただきたいですね。ですから12月23日（A級戦犯者の命日）には、多分ひそかにやられているということを信じています。私は、そう思いたいです。

東條——両陛下が100年ぶりに国難に遭遇した時に御親拝なされる石清水八幡宮にお出ましになられましたね。明治天皇様が御創建された靖国神社にもぜひ御親拝いただきたいと思います。ここには対馬丸で疎開中、米軍に撃沈され教師、父兄とともども海の底に沈んだ幼い学童たち1500柱も、看護婦さんも、韓国、台湾の将兵も合祀されています。大東亜戦争の合祀者は216万6000柱に及びます。日本のために亡くなられた方々を祀る靖国神社に感謝の想いを捧げるのに、外国に何ら遠慮をする必要はないはずですよね。まして、外国から干渉される必要はないのです。昭和天皇様がどれほど御心を痛められた大東亜戦争だったか。為政者は国益を最優先にして、凛とした姿勢を貫いて欲しいですね。外務官僚の偏向した思惑で国の方向を決めてはいけないと思います。

高須——そうですね。靖国神社へ行かないといけないです。そう思っています。今、靖国神社へ参拝してはいけないといった風潮がありますが、それが216万柱のご英霊方の悲しみになっていると思います。私は、天皇陛下がサイパンにいらっしゃる前に、公に真珠湾でお詫びをなさる前に、先に靖国神社にお出でになるべきだと思います。

東條——もし、両陛下が真珠湾への慰霊をなされたら、その返礼にアメリカの大統領が、靖国神社にお参りに来られるのなら良いのですけどね。そうでなければ、やはり、日本のために散華された先人方を祀る靖国神社に御親拝なされるのが、遺族方もどんなにかお慶びになるか知れません。たとえどんなことがあっても、靖国神社を政争の具に使っては罰があたります。御祭神は悲しまれていると思いますよ。

高須——間違いなく英霊方は靖国神社に祀られているわけです。いわば、日本人の心としてその想いを大切にしなければいけません。しかし実際問題の遺骨は、お骨はアジア中に散らばっているわけです。特攻隊のお骨は拾いようがないんですから。拾いようがない……。未だに遺骨も日本に帰ってきていない英霊方の心は靖国に集まっているんですよ。「靖国で逢おう」と誓ってみんな散華したんですから。ですから、天皇陛下がなぜ真珠湾へ行く前に靖国に来られないのかと私は思ってしまいます。なぜ、サイパンへ行く前にと。もちろん、陛下のことではないのは承知しています。今の総理がだらしないからだとはわかっていますが……。

東條——そうです。中国が言ったからといって、なぜ、総理も行かないのでしょう。おかしいじゃないですか……。私は他のインタビューでも靖国神社への陛下の御親拝をいただきたいと言っていますよ。そうでなければ毎年、毎年も8月15日になると、靖国神社のことが問題になって、静かに眠っておられる御祭神が安らかにおなりにならないでしょう。ですから、本当は、サイパン島への慰霊にお出でになる前に、靖国神社にお参り頂きたかったですね。沖縄にも、東京大空襲の慰霊碑にも参られたのに、なぜ、246万6000柱の先人が眠られる靖国神社に御親拝頂けないのか、残念無念でなりません。外務省、宮内庁に政治的な思惑が働いて、陛下の御気持を御止めしている気がします。

高須――私もそう思います。

東條――沖縄、サイパンなどへは、もうお出でになられましたので、いいのですが、せめて靖国に……、最後で結構ですから、やはり一番（英霊が）多く祀られている靖国神社に、お参りいただきたい……。もうそれさえ、実現するものなら、私は何にも言うことはありません。

高須――昭和天皇は何年まで行かれていたんですか。

東條――昭和50年です。昭和50年11月21日、それが最後です。それから、いわゆるA級戦犯が合祀されたのが53年ですから。そんな合祀されたからって行かれなくなったなんて、マスコミがそういう書き方をするのは嘘ですよ。3年の歳月をなぜ逆転させても嘘の報道をするのですか。平気でメディアも政治家も嘘をついてまで日本の先人方を貶めますよね。

高須——だからすべての事実認識を考えましたら、陛下は靖国へ行かれるべきだと思います。それから国民も等しく、靖国神社へ行ったら、また前を通ったら、頭を下げるという習慣を国民は持つべきだと思います。だって、どんな神社へ行っても、靖国神社以外ではみんな、頭下げるじゃないですか。なぜ靖国神社に対してだけ、そうしないんでしょうか。おかしくて、しようがありませんよ。だから私もそこを通るたびに必ず車を止めて、ちょっとお辞儀して、もう何秒もかかりませんよ。それだけでいいと思うんです。それが日本人だと思います。そ

れだけで先人たちへ想いは通じると思いますよ。

東條——そう。通じますよ。必ず天には通じます、想いは。

高須——ここに日本究極の差別がある。

東條——そうです。クリントンさんが、伊勢神宮に行くのなら、靖国に行ってくださいって言えば、全てが解決したんですよ。ブッシュ大統領も靖国神社に参拝したいと言われたのに！

高須——日本の究極の差別とは、靖国問題である。国家あげて日和《ひよ》っている。それなら国家は何も言わなくていいですよ。まず国民運動として、他の神社と同じように、手を合わせましょう。それだけでいい話なんですよ。

東條——散華された方々が書かれた遺書を読んでごらんなさい。「靖国神社に会いにいらっしゃい。お父さんはお前のことを必ず守ってあげるよ」と言って。みんなそうやって散華していったんです。靖国神社で逢おうって、みんな言っていたのに！

高須——そうですよ。靖国神社を差別しているのは、それだけじゃないんです。歌謡曲でも、昭和30年に島倉千代子の「東京だよ、おっかさん」という歌が出ましたよね。あの2番目です。靖国の歌詞があるんですけど、歌わせないんですよね。

東條——ＮＨＫは歌わせないですよね。

高須――そうです。2番は靖国へ行こうという歌詞なんです。

「やさしかった兄さんが　田舎の話を聞きたいと　桜の下でさぞかし待つだろう　おっかさん　あれが　あれが九段坂　会ったら泣くでしょ兄さんも」というものなんです。

だからNHKでは2番を歌わせないんですよ。1番は二重橋へ行きましょうと、3番は浅草へ行きましょうと、2番の九段下、靖国ですよね。これを歌わせないということは国営放送まで差別しているんです。私は涙が出るぐらい好きなんです。私どこに行っても歌うんです。最高の反戦歌であり、平和を願う歌である。要するに靖国をそういうもので歌っているんですよね。

東條――それを抜かすのですよね、NHK様は。

高須――だから「東京だよ、おっかさん」の記念写真といえば、二重橋の前でみんな撮って、次は3番の「浅草へ行きましょう」ということになるんです。あれは昭和30年代に歌っているはずですよ。

東條――そうですね。

高須――その2番を歌わないから、私はあえて、カラオケに行ったら国民運動だといって「東京だよ、おっかさん」を歌いましょうと言うんです。昨日、一昨日、あと先週、日曜日の私がレギュラーでやっている静岡ラジオ放送で「東京だよ、おっかさん」をフルで入れてくれって。

東條――あ〜、そうですか。すごく大事なことですよね。それから広がっていくんですものね。

高須――「東京だよ、おっかさん」の2番を歌いましょう。これが封印されているって変じゃないの？　って。

東條――おかしいですよね。

高須――私が言う美しい日本とは、安倍さんが言う美しい日本とは違います。極め付けとして、この美しい日本を靖国問題に特化したらどうでしょうかね。私は昔から靖国神社で行われる御霊《みたま》祭りは30回くらい行っていると思います。昔は全学連とかやっていましたけど、なんの衒《てら》いもなく行っていました。もちろん反戦平和でいくんです。靖国神社ほど反戦平和の象徴は他にはないと思いますよ。まあ、みんな、どんなアプローチの仕方でもいい。「靖国をもっと日常化しようよ」という意識があればいいと思います。敷居の高いところでもないですし、誰に気兼ねするものでもない。私は礼装して行かなくてもいいと思いますよ。近くに来たから、ついでに「英霊の方々、どうしておられますか。私は今こう頑張っているんですけど、どうでしょうか」とか、自分のおじいちゃん、おばあちゃんのお墓参りをする感覚で、悩みごとを打ち明けてもいいし、うれしい報告でもいい、何でもいいんです。いわば、日本人の先人はみんな、私たちの先祖ですから。

東條――そうですね。「今の平和を感謝しよう」「靖国に行って散華された英霊方に感謝しよう」でいいのですね。「国のために亡くなった人が祀られてあるところだから行きましょう」ということでいいのです。何も遠慮することないですよ。

●団塊世代が変わらないといけない

高須――東條さん今年ちょうど70歳になられるじゃないですか。私も60歳を越しましたけど、あっという間ですよね。

東條――本当に、あっという間ですね。

高須――私、この間、防衛庁へ突入したみたいな気分ですけど、あっという間に還暦を越えました。世間一般では、みんな老人になるんですかね。

東條――そんなことないですよ。私はまだ、これからあと5年ぐらいは働きたいと思っています。遺骨収集にレールだけは敷かないといけないと思っています。歳にこだわる必要はないと思うのですよ。気力です、気力があればいいと思うのです。

高須——若者といったらおかしいんですけど、私は、まず変えるべきは団塊の世代だと思うんです。まず還暦が来たからリタイアするといっても、全員がする必要ないんですよ。みんな、何気に現在の社会に、政治に、また教育に関わっているんです。悠々自適な生活をしている人もいるかもしれませんが、職を解かれて、契約社員みたいになっている人もいるかもしれない。私ぐらいの年齢の人は天下を取っているかもしれない。でも、そんなことは全て関係なく、私は今「団塊世代が変わるべきだ」と思っているんですよ。団塊の世代は戦後教育を受けて、いつまでもリベラルを気取っているなと思います。頭の中だけで考えて、聞いたままのリベラル思想を口先で言っているだけ。はっきり言って1970年の学生運動を起こした人間は、まるで行動が伴っていないのではないかと、言いたいんです。ここ30数年ずっと考えていました。もっと言うと約40年間、頭の中は肥大して、口だけで言って、行動は伴ってないんではないかと団塊の世代に言いたい。特にリベラルに。私はやりましたよ。はっきり言って、子どもたちに夢を与えたい、子どもたちを不幸にさせたくないと、おもちゃでものすごいヒットを出しましたよ。それから平和だから、もう出来ることはエロスだと思い、ヘアヌード本を出したり、スキャンダルの本を出したりしました。言論の自由を体現してきました。全部自分がリスクを背負い、自己責任でやってきました。訴えられた裁判件数は何十回かわかりませんよ。

それでもやってきましたよ。

東條――ええ。

高須――「俺たちは学生運動で、石投げたんだよ」と言う人たちに「お前らそれって40年前の話じゃないか」「今でもお前ら石投げているのか」と言いたいですね。今はみんなどこにも投げてないんですよ。石も投げないだけではなく、何にもやっていない。ひたすら身の回りのことだけ考えて、昔話をしているだけです。若い頃、「本当の幸せを求めたんじゃないのか」と団塊の世代に訴えたいんです。今、日本人に強いて言うなら、東南アジアまで行かなくてもいいけど、少なくとも東アジアくらいまで視野を広げて日本を考えて欲しい。昔の日本という国はアメリカとの関係でも、「ダメなものはダメだと私たちは言ってきたじゃないか」「では今、ダメなものをダメと言えていますか？」と訊きたいんです。私はオバマに対して、なぜ白人はみんな怒らないのかなと思うんです。あれ白人に対しての逆レイシズムですよね。もう、怨念の塊で白人をいじめていますよ。私は、オバマはすごい独裁者になりそうな気がするんです。逆にあれを諌《いさ》めないといけないですよ。だってアメリカは、上下はあったと言うけれども、白人と黒人の絡みの中で営々と築いてきたものがあるんです。今、オバマは恨みの方が先に立っていると思いますね。日本にはそんなことないんです。どんなに麻生が、高いところ目線でものを言っているといっても、彼、結構本質を話していると思います。「株屋ってのは信用されていない」と言ったことは、本当そうですよ。麻生さんは本当に正直なんですよ。

東條――麻生さんは正直なのですよ。

高須――証券会社なんてかっこいいことを言うからみんな間違えるんであって、彼みたいに「株屋が……」なんて言ってしまえばわかりやすいんですよ。

東條――彼は本当駆け引きなく言ってしまいますね。

高須――ええ。以前もハローワークに行って、「あんたねー、何がやりたいかが先なんだよ」と言ったけど、これ正しいんです。そこは先ありきでしょ。でも世間は「食べるお金がないから、なんでも仕事があったらいいんだよ。麻生さんの感覚は一般の庶民とズレている」と一斉に叩きましたよ。でも、そんなことないんです。目標を持って生きないといけないんですよ。何でもいいと言っているから、結局どんな職にも就けないんですよ。何でもいいなんて言っているから、いつまでたっても派遣社員で、クビを切られて、今度は政治が悪いと他力本願なんですよ。見てくださいよ、コンビニやファーストフードの店員なんて、ほとんどが中国人か韓国人です。日本人の若者が気力もなく何でもいいなんて言っているから、仕事をとられるんです。やりたいことをやるにもそれだけの責任があるということを知らない。金持ちはいいなとか、俺はしょせん貧乏だからとか、そんなことを言っているからダメなんです。「お前、本気で生きてんのか」と怒鳴りたいぐらいです。そんな核心的なことも言わずに、「かわいそうね」と言っている世間も問題。この世間が、いわゆるこの世間を作った団塊世代が、今その責任を取れよと。昔の日本には、いい言葉があったんですよ。「武士は食わねど高楊枝」と言う。これは変なプライドを持って、餓死するまで何も食べるなという意味ではないんですよ。気位を高く持つということです。ということは、貧しくて、生活が困窮していても自分の意思、信念を強く持って生き抜くということです。この言葉は一体どこいったのと言いたい。インスタントラーメン食べていたっていいんですよ。自分のやりたい仕事のために、食う物がないなら、コンビニに行って、「すいません、お金がないんで、賞味期限切れの1個くんない？」と言ったら1個くれますよ。志が高ければ、そんなことできるんです。そういうことを麻生は言っているの。麻生さんは正直ですよ。私は本質を言っていると思います。

東條――そういう面では麻生さんは、なかなかいいですよね。

高須――オバマと比べた時、ちょっと高いところ目線があると言っていますけど、志のことを彼は言っていますよ。安倍さんより志のこと言っている。それで意外と世間を見ていると思います。意外と昔の日本人みたいなところもありますし、日本を考えていると思います。あの吉田邸が、焼き打ちにあったことで、普通だったら恨み辛みを言ってもいいですよ。あれは絶対、焼き打ちですよ。誰かの嫌がらせですよ。

東條――旧住友家保野別邸が焼かれた約1週間後ですよね。

高須――そうです。私は絶対嫌がらせだと思いますよ。でも、彼は微動だにしないで、サラッとしていますよね。えらいですよ。普通だったらそれこそ安倍さんみたいに精神的に追い詰められますよ。その一方オバマのいやらしい、いやらしい、逆レイシズム。積年の恨み辛みを、ばっちり晴らしてやるという感じが見受けられます。

東條――200年来の黒人の恨みが。

高須――それがGM党。あれなんかは30日結論出せなかったら破損させるなんて。フォードから始まって、クライスラーというのはアメリカの車産業界の礎ですよ。礎を大事にしない人なんか、ダメです。私は、はっきり言ってオバマは亡国の人だと思っています。自民党を応援するわけではないですけど、今の日本に麻生さんは隔世遺伝で胆力があって意外といいかもしれないと、ちょっと思っています。

東條――最近とみに、もしかして彼はやるんじゃないのかなと、思うのですよ。

高須――一番いいのは一人ずつ脅していくのがいいんですよ。ライフルでドカーンと撃って（笑）。麻生さんは射撃でオリンピックに出ているでしょ。ライフルを撃つ感覚を知っているのは多分国会議員の中で彼ぐらいなんではないですかね。本当に実弾を撃つということの、覚悟とか、凄さは知っていると思います。その覚悟を今の日本の若者に教えればいいんですよ。しかし、私こう言いながら、意外に、日本人の若者達に対して、そう絶望してないんですよ。

東條――そうですね、今若者の方が非常に歴史もよくわかっているし、純粋ですよ。だから教えるとそれをどんどんと吸収していってくれます。

高須――団塊の世代が一番いけないんです。例の戦後の教育の妙なところだけを引きずっているリベラルの一部が、妙な形で燻《くすぶ》っているということがいけない。「はっきりしろ。消すのか新たに火をつけるのか。燻っているんだったら消せ」と言いたいんです。でもそれはもう再度火が付くなんて、焼けボックリに火が付くなんて、ありえない状況ですよ。

東條――団塊世代の気力はどうなんですかね。

高須――いや、私なんかは気力はまだあります。しかし今のリベラルは新たに火を入れようと思っていないわけですから、全部消してしまえと言いたいです。もっと言うと「黙れ！」と言いたいですよ。かつての全学連が、こんなことをやったことがあるとか言う奴らはもう黙れ。新しい時代は、次世代に期待をしろと。

東條——本当、次世代に期待をしたいですね。

高須——要するに社会主義と資本主義の狭間の中における今の時代で、一番バランスがいいのが日本だとも思うんです。反戦も、金融も含めてですよ。今、麻生さんがやろうとしていることは、そう間違えていないんですよ。特に金融経済的には間違っていない。結局は燃えカスみたいな団塊の世代が問題なんですよ。ですからそんなリベラルたちや、金儲けだけの右は、そのまま黙ってもらって、本当の意味で今の日本を変えようと熱情をもって動ける人間が引っ張っていかないといけないんです。

右も左もないんですよ。今の日本に必要なことは、国を想う志、ただこの一点です。この一点が未来の日本を、世界に負けない日本を、構築する希望だと思います。

本日はどうもありがとうございました。

第二章

覇道出版プロデューサーと保守王道雑誌編集長

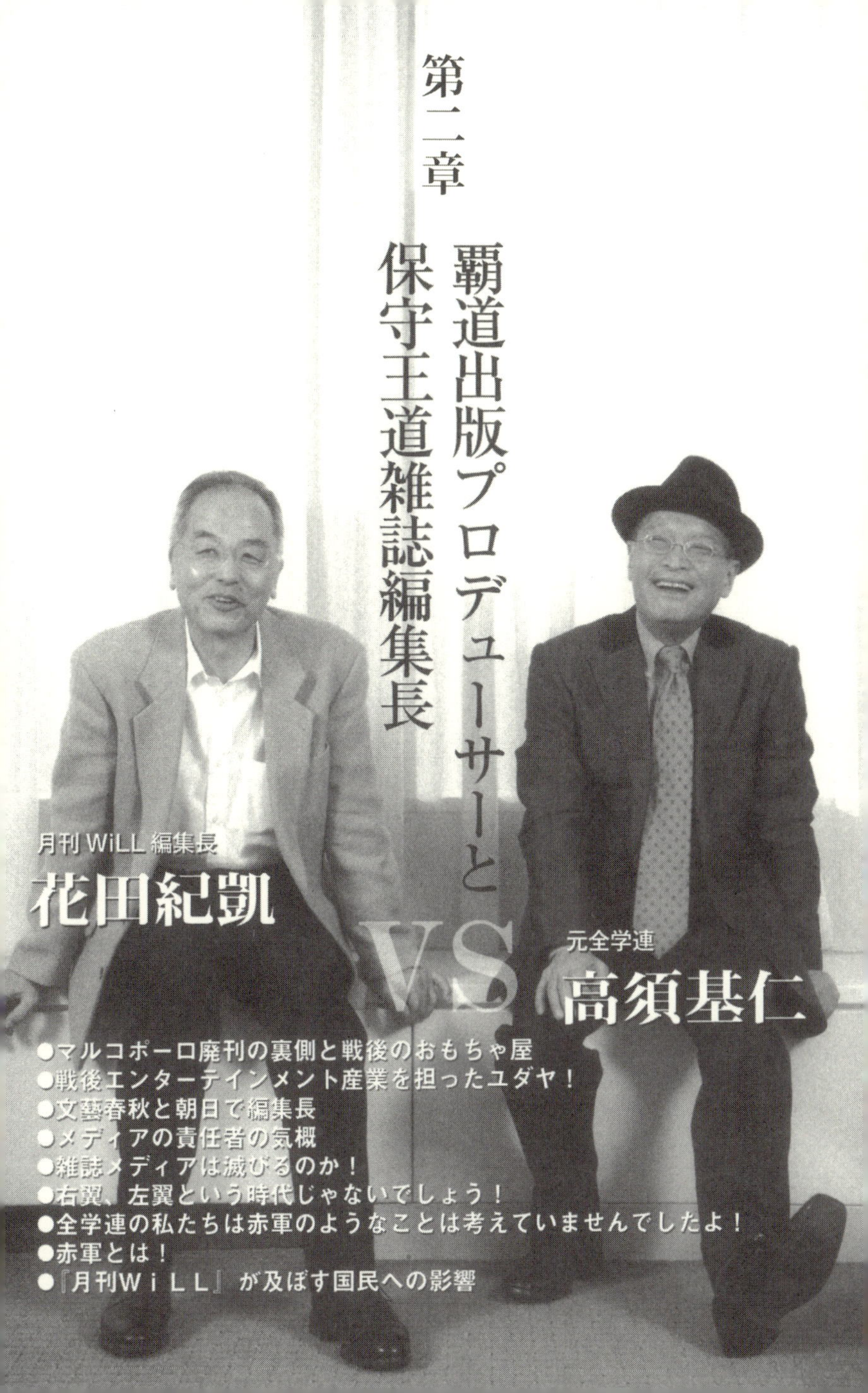

月刊 WiLL 編集長
花田紀凱

VS

元全学連
高須基仁

- ●マルコポーロ廃刊の裏側と戦後のおもちゃ屋
- ●戦後エンターテインメント産業を担ったユダヤ！
- ●文藝春秋と朝日で編集長
- ●メディアの責任者の気概
- ●雑誌メディアは滅びるのか！
- ●右翼、左翼という時代じゃないでしょう！
- ●全学連の私たちは赤軍のようなことは考えていませんでしたよ！
- ●赤軍とは！
- ●『月刊ＷｉＬＬ』が及ぼす国民への影響

●マルコポーロ廃刊の裏側と戦後のおもちゃ屋

高須――まず、はじめに、お訊きしたいのが、『週刊文春』編集長の後、『マルコポーロ』の編集長をやられましたよね。

花田――ええ、ロゴを『マルコ』と変えたんですけどね。『文藝春秋』の読者もだんだん齢を重ねるじゃないですか。若い読者層にも文藝春秋という会社をアピールしたい、新しい読者を獲得したいという理由で作ったんです。当時はソ連の崩壊とか世界情勢も色々な動きがあったので、ビジュアルな国際情報誌というキャッチフレーズで作っていたんです。創刊当時は全然売れていなくて、94年に3代目の編集長を引き受けた時の実売は3万部ぐらいだったんだけど、僕が7号作った時には実売が15万部はいっていたんです。だから少しは手応えを感じはじめていたんです。

高須――ああ、やっぱり。売れていたんですね。

花田――まあ、当時、このビジュアルな総合雑誌というものは、集英社の『バート』[※1]、講談社の『DAYS JAPAN』[※2]、それとわが社の『マルコ』の3誌あったんです。みんな苦戦していたんですけど、それなりに頑張っていましたよ。今は3誌とも、なくなってしまいましたけど。この分野の雑誌も、やりようによれば、伸びるかなと思っていたんで

※1　『バート』…平成3年5月～平成12年3月に集英社が発行していたビジュアル国際情報誌。

※2　『DAYS JAPAN』…昭和63年4月～平成2年1月に講談社が発行していたビジュアル総合雑誌。現在のが発行している『DAYS JAPAN』は、『旧DAYS JAPAN』関係者が中心となって、平成16年4月からデイズジャパンが発行している。

す。雑誌というのは、そのジャンルで1誌が元気になるとつられて活性化するんですよね。だから今度の『諸君!』[※3]の休刊なんかは非常に嫌なわけですよ。

高須――そうでしょうね。やはり相乗効果というのはありますからね。

花田――まあ、『諸君!』と『月刊W i L L』が同じとは思っていないですが、『論座』『現代』『プレイボーイ』が次々と休刊になると、月刊論壇誌、総合誌と一括りにされるジャンルが、やせ細ってしまいますからね。それがちょっと嫌なんです。

実は、僕が『マルコポーロ』の編集長に就任した時、ちょっと乱暴な事もしたんです。僕が『マルコ』を引き受けた時に、あれは異動が4月だったかな……。その時にはすでに前の編集長が6月号を作っているんですよ。

高須――そうですね、雑誌編集は前倒しで制作しますからね。

花田――編集長が変わると、その6月号に僕の名前で出るんですけど、僕は何も関わってないわけです。それがものすごく嫌なんですよ。それで、異例の事ですけど、1回休んでしまったんです。もう半ばできているものを全部チャラにして、もちろん広告も全部入っているんですよ。だから大変でしたよ。その頃はたまたま僕のやっていた『週刊文春』がすごく売れていたので、その勢いで1回休ませて、飛ばしてしまったんです。それは前の編集長にしたらすごく面白くなかったでしょうね。

※3 『諸君!』…昭和44年の7月号から保守雑誌として文藝春秋が創刊した。今年の6月号で休刊となった。

高須——まあ、前任の編集長の最終号がなくなってしまうわけですよね。彼の思いで作りを潰したことになりますから。

花田——7月号から、ロゴから表紙から何から何まで、ガラッと変えて、僕が編集長でやりはじめたんです。それがあんまり強引にやっていたので、まあ、顰蹙《ひんしゅく》を買ったんでしょう。後で響いたんですよ（笑）。

高須——『マルコポーロ』といえば、問題がありましたよね。

花田——僕がやり始めて、7号目ですよ。

高須——「ナチ、ガス室はなかった」と言う問題の論文ですね。

花田——あれを書いた西岡昌紀さんという人は、当時は国立病院の医者だったんです。医者だからドイツ語ができるじゃないですか。だからいろいろ文献を調べていて、ああいう事に気がついたんですよ。書くことが好きな人で、文章も上手いんです。書いた原稿をコピーして100社ぐらいですかね？　100編集部ぐらいに送ったみたいですね。

高須——西岡さんが送ったんですか。

花田——ええ、それですぐに読んだ。僕は送られてきた原稿は積極的に読む方なので。どこに才能が隠れているかわかりませんからね。実際、そういう原稿でスクープにつながったこともありました。それに『週刊金曜日』[※4]の本多勝一[※5]さんも読んだんですよ。それで、面白いと言っていたんです「この原稿を、うち『週刊金曜日』に載せたい」と言っていたそうですよ。それはこの前、『金曜日』の部長だった人に確認しました。僕が訊いたら「そうだ」と言っていましたから。だけど、『週刊金曜日』は、ちゃんとウラが取れていないから、載せなかったとは言っていましたけど。間違いなく、本多勝一さんも「載せたい。面白い」と言っていたんです。それぐらい面白かったんです。西岡さんという人は、いいかげんな人でもないし。ただ、そこは僕の責任ですけど、ユダヤ人問題に関して普通の日本人が持っているぐらいの知識しか持っていなかったので、載せ方が軽率だったんです。要するに、「ユダヤ人が、あの問題をどれぐらい深

※4　**『週刊金曜日』**…株式会社金曜日から発行されている政治・社会・環境問題を主に扱う週刊誌。

※5　**本多勝一**…昭和７年生まれ。朝日新聞記者を経て、筑紫哲也らと『週刊金曜日』を創刊させた。現在編集委員を務めている。

刻に考えているのだろう」というところまで思いが至らなかったんです。

僕が最初に読んで「面白いけど、これは本当なのかね」と、デスクの2人に読ませたんです。そうしたら、その2人も「いやぁ、面白いですね。だけどこんなの載せられるんですか？」なんて言っていたんですよ。だから、西岡さんに来てもらって、ドイツにも行って、半年ぐらい取材をしたんです。後になって「なんで、もっと取材しないんだ」と批判されましたけど、取材しても生きている人がほとんどいないわけです。生きていても、凄く齢を重ねていて、記憶もあいまいだとか、そういう人ばかりだったので「今、生の声を取材してもしょうがない」「資料や文献を研究してレポートという方法もあるんじゃないですか」と、この前、元社長にも言ったんです。

取材して半年ぐらい経って、任せていたデスクから、ちょうど12月に「花田さん、原稿が完成しました」と報告を受けたんです。「いつ載せようか」とか決めてなかったんですが、たまたま2月号に10ページぐらいの空きが出てしまったんです。「穴があいちゃったから、じゃあ、あれを載せるか」と言って載せたわけなんです。

高須――なるほど、代打原稿だったんですね。

花田――だから、他意はないし、あんまり意図したものはないんですよ。

高須――じゃあ、ノンポリだったんですね。

花田——たまたま、あの年は戦後50年で、スピルバーグ監督作品の映画『シンドラーのリスト』[※6]とかが話題になったので、こういうレポートもありかなと思っただけなんです。あんまりたいした考えがなかったのがいけないんですけどね。

高須——そういうことだったんですか。でも、読者であった私にとっては衝撃的な論文でしたよ。

花田——編集者として、もう少し掲載の仕方に気を配るべきだったんです。「ガス室はなかった」と断定的にしないで、せめて「ガス室への疑問」とか「ガス室はなかったのか？」とするぐらいの配慮が必要だったんですよ。

高須——そういうシビアな問題を掲載する時は、見出しの載せ方が重要ですよね。

花田——あるいはイスラエル大使館に行って、反論を同時に載せるとか、そういう編集上の細工が必要だったんですが、それをやらなかったのが失敗ですよ。もともと『噂の真相』でもこれに近い内容のレポートを載せているんですよ。

高須——ええ、載せていましたね。

花田——ですが、サイモン・ウィーゼンタール・センター[※7]としては、『噂の真相』のようなマイナーな雑誌ではなくて、文藝春秋という会社の雑誌だからプレッシャーをかけようとしたんでしょうね。

※6 『シンドラーのリスト』…スピルバーグ監督が制作した映画。ドイツによるユダヤ人の虐殺の中、多くのユダヤ人を助けたシンドラーを描いた話題作。

※7 サイモン・ウィーゼンタール・センター…ユダヤ教徒のオーストラリア人、サイモン・ヴィーゼンタールが昭和52年に設立した団体。ユダヤ人やイスラエルを批判したりする人・団体に抗議をする。

高須——どういうプレッシャーだったんですか。

花田——きっかけは、アメリカの日本大使館にサイモン・ウィーゼンタール・センターから抗議があったんです。

高須——そうですか、抗議はアメリカ本土からですか。

花田——それが新聞記事になったんです。

高須——その記事読みましたよ。各社やっていましたね。

花田——ええ。それまでは文藝春秋も含めて、日本の出版社が外国のそういう団体から抗議を受けたことがなかったんです。

高須——ないですね。

花田——だから後から考えれば、もっと色々な対処の方法があったと思うんです。その時は過剰反応し過ぎた気がしましたね。しかも「スポンサーにプレッシャーをかける」と、こういう風に言われたんです。でも実際にはプレッシャーがかかったというよりは、むしろ、日本のクライアントの自粛みたいなものが少しあったぐらいだったんですけどね。少し様子を見させてくれという。

高須——ほぉ。今のプレッシャーのかけ方と一緒ですね。

花田——当時、某大手自動車メーカーが、6ページぐらいの広告を出してくれることになっていた。新しい雑誌だし6ページのカラー広告なんて、なかなかないわけですよ。

高須——うん。おいしいですね。

花田——それが、「ちょっと様子を見させて下さい」と言ってきたんです。出さないと言っているわけではないんですけど、向こうも、これがどういう風に影響するかわからないですからね。そういうことはありましたけど、全部のクライアントが降りるみたいなことはなかったんです。文藝春秋がちょっと過剰反応しすぎたんだと思いますけど。

高須——その時、花田さんは『マルコポーロ』の編集長を辞めましたが、それは責任を取らされたんですか。取ったんですか。

花田——田中健五社長（当時の文藝春秋の社長）は、一度は記者会見で「辞めない」と言っていたんですけど、結局、一週間後に辞めることになったでしょう。そうすると僕としては、大恩のある田中さんが辞めることになったのに、僕だけのうのうとしているわけにはいかないし、しかも雑誌は廃刊になったから、居場所もないですしね。それで一応、戦後史企画室に行ってこいということになったんです。はっきり言えば、左遷ですよ（笑）。

戦後史企画室というところでは、もうやることないわけです。その年がちょうど戦後50年でしたから、なんかそういう戦後50周年企画でも考えろという趣旨なんです。でも前年から考えて、その年に本にするならいいんですが、戦後50年の年になって考えはじめても間に合わないわけです（笑）。だから、やらない方がいいなと思って遊んでいたんですよ。そのころはまだ会社も儲かっている時代だから、『週刊文春』の編集長だった頃と同じように、お金使って（笑）。それこそ「ちょっと資料探しにアメリカのスタンフォードに行ってきます」とか言ってね。この年は仕事をしないで映画ばかり観ていましたよ。部下に女の子が1人いるんですけど、仕事がないから、「君、来なくていいから、適当にやっていて」と言って。部屋も、なんか通路みたいなところで、1階の玄関を開けて入ってくると、その奥が広告部なんですよ。その脇の通路に、部屋でもないのに仕切りを作って、そこに押し込められていたわけです。通る人が「かわいそうに」という顔で見ていくし、これは当時の総務担当役員の露骨な意地悪ですよ（笑）。そいつともう1人、今でも許せない人がいる。執念深いですからね、僕は（笑）。文藝春秋みたいな小さな会社でも人間の集団ですから、好きだとか、嫌いだとか、肌が合わないとかあるんです。

高須――小さな会社でも、ありますよね。それは今でいうパワハラですね。当時、企業では隔離部屋というのが流行っていましたから……。

花田――僕は田中健五さんや、堤堯[※8]さんは尊敬もしているし、肌合いも合ったんですけど、近所の飲み屋で毎晩ウダウダと呑んでいるようなグループがあるんです。そういう連中が一番嫌いなんですよ。そういうグループが上の方にいましたから、まあ、ちょっと僕に意地悪したんでしょう（笑）。でも、そんなのであまりめげてもしょうがないですから、気を奮い立たせて遊んでいましたね（笑）。

高須――その前向きなフワフワ精神はいいですね。その時は何歳だったんですか。

花田――45歳で『週刊文春』の編集長になったから、52歳ですか。やはり、『マルコ』が廃刊になったことは非常に悔しかったですね。さっきも言ったように、少しは可能性があるかなと思っていましたから。まあ、でも自分で蒔いた種だからしょうがないですけどね。

高須――あの問題は、なぜ、そんなに大きくなったんですかね。もちろん文藝春秋というネームバリューもありますが……。

花田――結局、あの問題は僕の不勉強で、ああいう形で出したのがいけなかったんです。その後、日本のマスコミでユダヤの問題を取り上げにくくなった。その責任は感じています。ある人に言われたんですけど、ユダヤ人にとっては、「まだ喪に服している期間なんだ。喪中には人の悪口を言わないものだろう」と。そういう配慮に欠けていたのは確かです。

※８　**堤堯**…昭和15年生まれ。東京大学法学部卒業後、文藝春秋に入社し、「諸君!」、「文藝春秋」の編集長、「週刊文春」編集局長、出版総局長などを歴任し退職。現在『月刊WiLL』で連載をもつ。

●戦後エンターテインメント産業を担ったユダヤ！

高須——私は大学出てからおもちゃの会社のトミーに入ったんですよ。

花田——ああ、そうですよねぇ。優秀な社員だったんですよね。

高須——まあ……。本当に、おもちゃ業界というのは、特殊な世界なので、私たちみたいな全学連の前科持ちを入れてくれたんです。１９７０年初めの頃、全学連のみんなは、おもちゃ業界の工場でアルバイトをした後、おもちゃ屋に入ったんですよ。トミーもタカラもバンダイもそうだった。私もお金がない時、たまたま私は銀座松屋のおもちゃ売り場でトミーのアルバイトとして入ったのがきっかけなんです。その結果、アルバイトで入って、その後、就職することになったんですよ。当時のおもちゃ屋は戦後、輸出貢献企業で、Ｂ29[※9]の飛行機模型を作って儲かったんですよ。

花田——へぇー、そうなんですか。

高須——面白いのが、おもちゃのトミーの創業者たちは、アメリカの進駐軍のごみ捨て場から、食料の入っていたでっかい缶詰の空き缶をもらってきて、それを切って、伸ばしてブリキのおもちゃを作るんです。だから裏側を見ると全部〝パイナップル缶〟とか、コンビーフ缶とか分かるんですよ。そういうブリキ缶詰を伸ばして、内側にカラー塗装

※９　B29…大東亜戦争中にアメリカのボーイング社が製造した。広島の原爆投下をはじめとする多くの空襲で活用された。

して、それをひっくり返して、おもちゃを作っていたんです。トミー、ヨネザワ、あとアサヒ玩具という昔からのおもちゃ屋というのは全部、進駐軍のごみ箱から缶をもらってきて、同じようなやり方でB29を中心に軍事品のおもちゃを作って輸出していたんです。

花田——アメリカの子どもたち用ですね。

高須——ええ、それで大きく儲かったんです。ですから、私はそれを見ていて、こんなに非人道的なことをやって金儲けをする仕事があるんだなと思っていましたよ。要するにおもちゃ屋というのは、ある種のパンパン[※10]ですよ。私は〝男パンパン〟の最たるものはおもちゃ屋なんだと思っていました（笑）。工場の同僚らが「高須君、俺たちは男パンパンだよ」と言うから「なんで？」と訊いたら「あれを見てみろよ」と言って、戦後間もない時のB29の資料サンプルや、試作品を見せてくれたんです。30センチ余りもある大きなB29なんです。輸出用のB29は前の銃座の所を火打石で発火させてパンパンと音まで出るんです。つまり、原爆を落としたのもB29、日本を焼野原にしたのもB29、これを作って、戦後間もなく、すぐ売ってしまうんです。それも進駐軍のごみ箱からもらったブリキで！ それで大儲けしたのがおもちゃ業界。当時のおもちゃ屋の商売は凄まじいですよ。

※10 パンパン…戦後の占領統治下、在日米軍将兵を相手にした売春婦のこと。

花田――僕らも、ブリキのおもちゃを集めていましたね。学生運動に明け暮れた高須さんがまともな就職ができたのが不思議。

高須――その頃、トミーの社員で大卒なんてゼロに近いんです。私がトミーの新卒第1号。みんな大卒といっても、高卒なり中卒で来て、夜間の大学に行って、経理をやるとか、そんな仲間ばかりですよ。当時、本当に新卒で、パリッパリの大学生なんて、特殊な環境のおもちゃ屋に入らないですよ。

花田――おもちゃ業界の期待の星だったんですね（笑）。

高須――いやいや。それで入社して間もない頃〝インターナショナル・トイ・フェア〟というイベントがあって、お偉いさんと一緒に74年にニューヨークに行ったんです。そうしたら、驚くべきことに、全部ユダヤ人。もうアメリカのおもちゃ屋の人は全部ユダヤ人なんです。カルチャーショックでした。

花田――アメリカの金融とマスコミはユダヤ人が握っているわけだけど、おもちゃ業界も、というのは意外ですね。

高須――1週間にわたるトイ・フェア終了後、当時、世界で1番大きなおもちゃ屋『マテル』[※11]という、着せ替え人形のバービーとかミニカーのホットホイールなんかを作っていた会社の本社を訪ねたんです。そうしたら、なんとサーカスですよ（笑）！　サーカス

※11　マテル…拠点をアメリカのカリフォルニア州に置く世界最大規模のおもちゃメーカー。バービー人形が有名。

興業が基幹産業になっているんです。

花田——へぇ、それで、おもちゃ屋もやっているんですか。

高須——そう、おもちゃ屋もやっています。彼らを見て「これ、テレビや映画で観る欧米の人と違うなぁ」と思っていたら、全部ユダヤ人だったんです。なんていうか、当時の日本のパンパン屋と、海の向こうのジューイッシュビジネスが組んでやったのが、おもちゃ産業ですよ。

花田——それはまた面白い世界に飛び込みましたね。

高須——もうめちゃめちゃ面白い世界、めちゃめちゃに面白い商売ですよ。それで、マテルの人たちは「もうとにかくイメージを良くしたい」と言ってサーカス興業をやっていたんです。アメリカでは、ジューイッシュ[※12]にジプシーが重なったような人たち、日本では全学連上がりの私たちが一緒になって、おもちゃを作っていた。そんなような世界ですよ、おもちゃ屋は。そのハチャメチャ産業のど真ん中に入って、とにかく面白かったですね。そしておもちゃの仕入れ率がとにかく凄いんです。上代が１００円のものだったら、１割、10円以上になったら怒られるんですよ。要するに10円で仕入れて１００円で売る。１００円で仕入れたものは１０００円で売るということです。

花田——それは、ボロ儲けじゃないですか。

※12　ジューイッシュ…一般的にユダヤ人と同意。

高須——9割儲からないと怒られるんです。でもそれは、もうまともな商売じゃないんですよ（笑）。それを戸板商売というんです。浅草橋に生まれた故・百瀬博教先生がよく言っていた商売です。それでも商品が余るんです。もう半分腐ったような商品がバッタ屋経由で全部パチンコ屋に流れるんですよ。だから当時パチンコの景品引換所には、おもちゃがずいぶん多品種置いてあったでしょう。こっちは、はじめから1割で買っているものなので、バッタになったとしても1割で商売をするわけです。

花田——損はしないわけだ（笑）。

高須——だからパチンコの替え玉の景品法もクリアできるんです。もうぐちゃぐちゃの世界で、もうすごい世界（笑）。現場の男たちは

自分のことを「男パンパン」と言うし、その後は、おもちゃ屋を逆さに読んで〝ちゃも屋〟。妙に自虐的な言い回しでした。

花田——なるほど、業界の隠語ですね。

高須——それで段々と胸張って商売できなくなってしまう。（背をまるめて）もうこんなんになってしまうんですよ。

花田——いや、いや。

高須——世間では「おもちゃみたいな家ね」とか言うじゃないですか。「おもちゃみたい」ということは「壊れやすい」とか、「ちゃちなもの」とか、「チープなもの」という意味で使われる言葉でしょう。そういうおもちゃに対する世間の雰囲気を知っていた私たちは、おもちゃで子供が怪我をしたり、すぐに壊れたりして、消費者からクレームが入ると「みなさん、おもちゃみたいなと言うでしょう」というセールストークをまず会社が教えてくれるんです。「おもちゃみたいというのは、すぐ壊れるということでしょう」と（笑）。それで絶対返品に応じないという。まさに、煙に巻くという感じですよ。それくらい子供を騙すというひどい業界の中で、私が強烈に影響を受けたのは、ユダヤビジネスです。終戦直後、アメリカのユダヤと日本のおもちゃ業界がくっついて、Ｂ29で儲けて、見る間に大きいビジネスになっていったわけです。でも、みんな、子供を騙しているという思いというか……、スネに傷を持っているというか……。当時は本当に救いようのないビジネスだったんですよ（笑）。

花田――そうなんですか。でも、ブリキのおもちゃとユダヤというのは意外な関係ですね。

高須――知らない人から見たら意外でしょうね。それで日本では全学連でスネに傷を持った奴らが、おもちゃ業界に入ってくるんですが、みんな能力はあるんですよ。

花田――学生運動をやっていた連中がリーダーシップを発揮するんですね。

高須――私は、トミーに入って、その後の3年間で高卒扱いで女の子も含めて、約400人ぐらい入社させましたよ。大学を、退学させられた人が来るけど、そんな人も優秀だから、色々なアイデア出したりして、会社発展の力になったと思います。要するにスネに傷を持っていたから、退学になったりしたけど、結構、優秀で実力ある人が多かったです。その上

↑若かりし頃の高須基司氏

御用組合ではありますけど、労働組合までも作って、労使の環境を良くした結果、売り上げ高は倍々ゲームになったんです。密かな私たちのスローガンは「もう、暴力革命は十分だ。女、子供相手に生きて行こう」だったんですよ。

花田――400人入れたというのは、凄いですね。文藝春秋が、一番社員が多い時で1000人ぐらいですから。

高須――同じ全学連の仲間が多かったから玩具各社は仲が良いんですよ。名前だって、今は、トミーなんてカッコいいけど昔は「富山玩具」という名前だったし、バンダイだったら「万代屋」、トミーとタカラが合併しましたけれど、タカラは昔「佐藤ビニール」というんです。そんな所に入ってやっていたんですよ。

ユダヤ人がエンターテインメントの世界に入ってくる前に、戦後間もなくおもちゃ業界に入っていたというのは間違いないです。マテルから始まってハズブロ[※13]、それから西ドイツのメルクリン[※14]という、すごい鉄道模型を作っている会社がありますが、あれも1番最初に買収をしたのはユダヤ。戦後1番最初にユダヤ資本がやって来たのは、おもちゃ産業。ユダヤ人のものの考え方は、私は玩具業界にいて間近で見ていたので凄くわかる日本人の1人だと思いますよ。

花田――そうなんだ。世界のおもちゃ業界をユダヤ人が牽引していたんですね。メルクリ

※13　ハズブロ…拠点をアメリカのロードアイランド州に置く世界最大規模のおもちゃメーカー。モノポリーやキャラクターのおもちゃが有名。

※14　メルクリン…鉄道模型で世界最大手のドイツのおもちゃメーカー。日本でも絶大な人気を誇るが、平成21年2月、経営難により、ドイツ南部の裁判所に破産申請をしたと発表した。

ンは欲しかったけど、高くて買ってもらえなかったなぁ。

高須――ニューヨークでトイフェア（新製品の発表会）をユダヤがまず1番最初にやるんです。そのあと当時の西ドイツのニュールンベルクのおもちゃフェアを、バカでかい見本市会場でやるんです。それこそまさしく今でいう幕張メッセみたいな多目的スペースが作ってあって、そこでやるんです。おもちゃ業界での大成功を収めた後、ユダヤが一気にハリウッド映画業界へ出て来たんです。その攻勢に反旗を翻したのがニューヨークのシネマベルテで、一時期ハリウッド映画がニューヨークへ逃げて行くことになったんです。アバンギャルド風ニューヨークシネマベルテ映画が作りだされたのは１９７０年前後かな。そのあたりからハリウッド映画が、ユダヤのエンターテインメントなんだとはっきり分かる様になってきたんですよ。日本に入ってくるハリウッド映画は「ナチスの馬鹿野郎」とガンガン喧伝する反ナチものが多くなって、大ヒットするようになったんです。日本人はそのあたりを知らないで見ているんじゃないですかね。「シンドラーのリスト」とか。

花田――そうですね。さっき言ったように、その年がちょうど戦後50年だったから、スピルバーグが「シンドラーのリスト」を作ったりしたでしょう。高橋正武さんという物書きがいて、彼がサイモン・ウィーゼンタールにインタビューできると言ってきたんです。

ウィーゼンタール・センターは元々サイモン・ウィーゼンタールがナチスの逃亡者を追求するために作ったんだけど、色々あって彼が辞めてしまうんですよ。それで彼はオーストリアに戻って、1人で生活していたんです。ちょうど戦後50年だし、面白いなと思って、僕がマルコポーロに移った頃、オーストリアに行ってウィーゼンタールにインタビューして来てもらったんですよ。ところがそのインタビュー自体があんまり面白くなかったんで、ボツにして、載せなかったんですよね。後であの問題が起こった時に「あれ載せておけば良かったね」と言っていたんですけど(笑)。

高須——なるほど。いや、ユダヤの戦略は凄いし、日本人には分からないと思いますよ。

花田——だけど、『マルコ』の件はこっちの配慮が足りなかったわけですから、しょうがないんですけどね。

●文藝春秋と朝日で編集長

高須——『マルコ』の後、どういういきさつで朝日新聞へ行ったんですか。

花田——ええ、戦後史企画室に行ったじゃないですか。僕は子供の頃から雑誌が好きで、雑誌をやりたいと思って文藝春秋に入っているんですから、とにかく雑誌がやりたいわけです。でもまあ1年間くらいは冷や飯もしょうがないかなと思っていたし。

高須――まぁ、みんな世間も思っていましたし、業界も思っていましたよね。それからどうだったんですか。

花田――お金を使いつつ遊んでいたんです。2人しかいないのに新聞を全紙取って、朝、新聞を読んで遊びに行くんですよ（笑）。いい身分と言えば、いい身分ですけど……。でも今でいう『アエラ』みたいな雑誌を作りたいとか、女性週刊誌とか、いろいろ提案していたんですよ。当たり前かもしれないけど、結局はやらせてくれないですね。企画しても何もできないし、いつまでもこんな所にいてもしょうがない。1年したら段々飽きてくるわけです。そのうえ当時の社長が銀座の小料理屋で声高に、僕の悪口を言っていたという情報が入ってきたんです。時々、社長室に呼ばれていくと、おためごかしのことを言っているのに、外では悪口。社長が部下の悪口を言っては、いかんでしょう。それで、自分の部下の落ち着き先もちゃんとしたし、もうそろそろいいかなと思っていたら、たまたま昔からの知り合いで『週刊朝日』をやって、ライバルだった穴吹史士さんに「朝日新聞で文藝春秋みたいな総合誌を作りたいから、やってくれないか？」と言われたんです。それで朝日新聞社に行ったんです。僕が講談社とか新潮社に移籍しても全然面白くないけど、天敵と言われて、年中批判していた朝日新聞に行けば、イベントとしては面白いじゃないですか。それで行っただけなんですよ（笑）。

高須――文藝春秋の頃に追いかけていた、あさま山荘事件[※15]踏まえた中、思想とか流儀という面で、花田さんが朝日新聞に行くということを、私は右翼から左翼への転向かと、ちょっと違う目で捉えていたんです。私、花田さんの編集部ができた時に訪ねたんですよね。当時、副編集長が何人かいて、あの部屋を見た時に、「ああ、これ決してウェルカムで来てもらっているわけじゃねえぞ」と思いましたよ。

花田――「来てくれ」と言われたから行ったんですけど、もちろん朝日新聞にすれば、さんざん批判というか、悪口を書いていた奴が来たら、やはり大半は「なんだ、この野郎」と思ったでしょう。

高須――99％の男が「なんだ」と言う奴らでしょう。

花田――そんなには多くないと思うけどね。でもそこそこ良いギャラもらって、いきなり編集長でやるわけでしょう。朝日の社員にとっては、それは面白くないでしょう。それで文藝春秋みたいな月刊誌なら、得意技なんですけど、ちょっと色々な事情の変化があって、「女性誌をやってくれ」と言われたんです。それで、また僕はおっちょこちょいだから、「女性誌はやった事がないし、まあ面白いなと、今までとちょっと違った女性誌を作ってみたいな」と思ってやったわけです。「今、働く女性たちが読める雑誌がない。

※15　**あさま山荘事件**…昭和47年2月19日に始まる、長野県北佐久郡軽井沢町にある「浅間山荘」に連合赤軍5人が山荘の管理人を人質に10日間立て篭もった。28日に警察が突入し、死者3人をだした事件。

女性たちだっていつまでもファッション、コスメばかりじゃないだろう」というのをコンセプトにしてね。創刊号は、木村拓哉、その頃、全盛のキムタクを表紙にして、グラビアとインタビューで、ドーンと16ページ。それが大成功で43万部完売です。もちろん朝日新聞の力もあるし、宣伝費もかけたから、その効果もあったと思います。でも段々下がってきて、2年間やって最後、僕が辞める時は、8万部ですよ。でも女性誌としては決して悪くない数字です。

高須――全然悪くない。

花田――ええ。だから広告さえしっかり入れられれば、良かったんですが……。朝日には、今まで女性誌がないから、広告部がそういうスポンサーに弱いわけです。あんまり付き合いがないわけですよ。だからちょっと力の入れ方が足りなかったと僕は思いますね。

高須――雑誌は広告が入らないと成り立ちませんからね。

ところで朝日新聞へ行った時に、文藝春秋に対して確固たる精神というものはありましたか。「このヤロー、文藝春秋め！　じゃあ、朝日へ行ってやるぞ」とか。

花田――いや、それはないです。僕は文藝春秋を今でも良い会社だったと思っているし、実際、良い会社でしたよ。優秀な人も多いし。さっき挙げた2人を除いてはあまり意地悪な人はいないし（笑）。変な話ですが、僕は8年くらい編集長をやっていたわけです。

この間に、上の方から「これはやるな」とか「これをやれ」とか1度も言われた事がないんですよ。

高須――なるほど。

花田――「この記事は止めろ」とか1回もない。好き勝手やらせてもらっていたんです。まあ、文藝春秋はそういう社風なんですよね。「雑誌は編集長のモノ」というのが徹底しています。良い会社だと思います。今は世知辛くなっていますけど、その頃はまだ景気も良かったから、取材費も潤沢でしたしね。会社に恨みはないんですけど、このままでは、雑誌をやらせてもらえないなと思ったし、戦後史企画室ならまだしも、資料室とか、社史編纂室とかに行かされて、飼殺しにされるんじゃ、かなわないなと思って、辞めただけです。そういう先輩も何人か見ていましたしね。実際、編集者なんて現場でやっているのが面白くて仕事をやっているわけですよ。

高須――そう。そこがいいんですよ。現場が好き！「雑誌は編集長のモノ」という社風と編集者は現場が好きということが大切です。朝日新聞へ行った時は社員で入ったんですか。

花田――いやいや、向こうは社員でいいと言っていたんですけど、僕は文藝春秋で二十数年間、サラリーマンをやっていましたから、だったら今回は社員じゃない方が良いかなと思ったんです。それに、たまたま僕は会社を作っていましたから、業務委託という感じでやったんです。そうしたら各雑誌の編集長が集まって会議する時には呼ばれないわけです。

高須——業務委託ですから。

花田——そう（笑）。

高須——まあ、譜代のようであって、外様扱いなんですね。

花田——そう、でも面白かったですよ。最初は編集部がないから、出版局の大きな部屋に机があって、そこにいるわけです。

高須——ええ。

花田——もちろん、そのセクションの連中はみんな親切にしてくれるんですけど、電話をするじゃないですか。そうすると「朝日新聞の花田です」と言わないといけないわけです。あれには非常に抵抗がありましたね。今までは「文春の花田です」と言っていたのに、いきなり「朝日の花田」では、相手が分からないわけですよ（笑）。だからいちいち説明しているのを、周りが聞き耳を立てているみたいで（笑）。あれは非常に嫌な感じでしたよ（笑）。

高須——なるほどね（笑）。檻に入って、針のむしろに座ったライオンみたいなもんですね。

花田——編集部が発足してからは良かったんですけど。

高須——花田さん、編集はやはり楽しいということが、まず先にありますか。

花田——そうですね、僕は要するに現場にいたいんですよ。それと仕事は楽しくやりたいんですよ。

高須——やはり現場ですよね。

花田——だから別にどこでも良い……、どこでも良いというか、どこかで、やれれば良いわけです。だから未だにやっているんですけど。朝日新聞での体験は面白かったですよ。だって未だかつて、文藝春秋と朝日新聞の両社で編集長した人はいないじゃない。

●メディアの責任者の気概

高須——話はガラッと変わって、今のジャーナリズムの世界で問題になっている『週刊新潮』の誤報問題[※16]についてどう思いますか。

花田——『サンデー毎日』や『週刊朝日』は戦前からあったんですけど、出版社に週刊誌なんて、できないと言われながらも、昭和31年に『週刊新潮』が創刊され、大成功したんです。その後の昭和33、34年にかけて美智子様の御成婚とかがあったから、週刊誌が

※16 『週刊新潮』誤報問題…朝日新聞「阪神支局」襲撃事件の実行犯と名乗る男の手記を『週刊新潮』に掲載。その後、誤報と発覚した。

どんどん創刊され、大ブームになっていきましたよ。パターンは全部『週刊新潮』の真似ですよ。グラビアがあって、ニュースのコラムがあって、特集があって、中に連載があったり、エッセイがあったりして。あのパターンを作ったのは『週刊新潮』なんです。だから、尊敬する週刊誌なわけです。手本にしていましたし、はっきり言って、『週刊新潮』がプロなら『週刊文春』はアマチュアですよ。もちろんそれぞれの良さはあるんですけど、でも新潮はプロですよ。プロが作るモノです。取材も行き届いている、記事の文章の質も、大体均一です。『週刊文春』は、上手い奴もいれば下手な奴もいる、玉石混淆《ぎょくせきこんこう》。いきなり僕が入って、原稿を書くんですから、上手い文章が書けるわけがないですよ（笑）。ベテランが書く文もあるし、バラバラですよ。でも『週刊新潮』はピシっとしている。

ところが、ああいう事（朝日新聞「阪神支局」襲撃事件実行犯の告白の誤報）になりましたから。僕も最初の記事は「おお、凄いな」と思って読みましたよ。でも2号目でアメリカ大使館云々というのが出て来て、「あれ？　おかしいな？」と思った。後はもうおかしな話ばっかりでしょう。誰が読んだって変ですよ。

高須――そうですね。

花田――それで朝日がページを使って、大反論を展開したでしょう。それも2回も。読み比べてみると、どう読んだって朝日の方が、筋が通っていましたよ、悔しいけど（笑）。だって『週刊新潮』は取材してないんですから。不思議ですよ。そこを突かれて『週刊文春』とか『週刊朝日』にさんざん批判されたでしょう。『週刊新潮』だったら、いろいろなルートがあるでしょう。そういう確認作業を全てやっていないわけじゃないですか。だからやっぱりそれはおかしいし、まあ『週刊新潮』がミスしたんだろうなと思うわけです。でも人間にはミスがあるわけです。自慢じゃないけど僕なんかは、年中ミスしてますよ。でもミスしたら、その時点ですぐに謝らないとおかしいですよ。「警察に捜査は任せます」みたいなこと言って逃げるんですけど、警察だって朝日新聞の検証によれば否定していたでしょう。『週刊新潮』は間違えているんだから、なぜ間違えたか、早く検証記事を出していれば良かったんです。新聞の代表が朝日新聞なら、雑誌社系週刊誌の代表は『週刊新潮』なわけですから、雑誌社系週刊誌の代表としてきちんとした対応を取って欲しかったですね。

高須——でも、この誤報を出した時、すぐ詫びない『週刊新潮』の早川編集長的な編集長と、すぐ詫びる『週刊朝日』の山口編集長のどちらが凄いのかなと思うんですけど。やはりこういう判断は、部数に繋がりますよね。

花田——繋がりますね。例えば、これは新聞の話ですけど、あの西山事件[※17]で毎日新聞がガ

※17　西山事件…昭和46年の沖縄返還協定について、毎日新聞社の西山太吉記者が、取材で知り得た機密情報を漏洩し、国家公務員法違反で有罪となった事件。

夕落ちしたとか、読売が長嶋監督解任で減ったとか、あるいは文藝春秋の『週刊文春』でも、三島事件[※18]の時に、1週目に間に合ったのにやらなかったんです。それでガタ落ちしたとか、きっかけがやはりなにかあるんですよ。

しかし、ああいう、とんでもない嘘つく人がいるんですよ、僕も2回騙されましたから。

高須――どういう風に騙されたんですか。

花田――オウム絡みです。1回は坂本弁護士が行方不明の時期[※19]に、僕の良く知っている人が、その人を連れてきて、「面白い写真を入手したから見てください」と言ってきたんです。キャビネくらいの大きさの写真に紙がかけてあり、2つ丸い穴が空いてて、男と女の顔が覗いているんです。「わかりますか。よく見てください」「いや、わからないな」なんてやりとりがあって、「実はこれは坂本弁護士夫妻だ」と言うわけです。言われてみると確かに似ているんです。それで「この紙を取るには200万円をくれ」と言うんですよ。「これは坂本弁護士に間違いない。この紙を取れば、どういう状況か分かりますよ」と。そうしたら、やっぱり好奇心が沸いてくるじゃないですか（笑）。それが6、7枚あるわけです。

高須――それでどうしたんですか。

花田――その頃景気が良かったから、1号あたりの広告だけで、1億円入っていたんです。

※18　**三島事件**…昭和45年11月25日、陸上自衛隊東部方面総監室に、楯の会会長の三島由紀夫らが憲法改正のため、益田総監を監禁し、自衛隊の決起を呼びかけた事件。

※19　**坂本堤弁護士一家殺害事件**…平成7年9月に遺体が発見されるまで、行方不明とされていた。平成元年には「坂本弁護士と家族を救う全国弁護士の会」が結成され、全国規模でキャラバン活動が行われた。

売れ行きもトップだし。だから取材費なんかバンバン使ったから「よし、見ましょう」ということになりまして。結局どういう写真であったかと言うと、あの頃、オウムが名乗らずに熊本に土地を買って、それで村民ともめていたことがあったでしょう。村民とオウム信者が対峙してこう睨み合っている。写真の真ん中に警察官がいて対峙しているんです。そしてその坂本弁護士夫妻と思しき２人はオウムの中にいるんです。彼の説明は「坂本弁護士は、最初オウムと対立していたんですけど、オウムに折伏《しゃくぶく》されて、オウムの信者になってしまった。だから出てこない」と、こう言うわけです。結構、筋が通っているんですよ。

高須――なるほど、それでは、世間に出てこなくても不思議ではないですね。

花田――ね（笑）。「なるほど」と思って、他の写真もあると言うので、全部貰うことになったんですよ。夜、彼の指定する場所に行って、その写真を貰った。その時、僕もちょっとしぶとさを発揮して「本物だったら２００万円払うけど、今は１００万円だ」と言って値切ってね（笑）。２００万円持っていたんですけど、１００万円だけ渡して、写真入手したんです。

高須――検証しましたか。

花田――もちろんですよ。「コレ、調べてくれ」と警察に早速、持って行ったんです。もし本物だったら、発表はうちに一番先にやらせてくれという条件を付けてね。その頃、警察は情報を募集していて、坂本夫妻発見に繋がる情報だったら、500万円ぐらいくれることになっていたから「これで取り返せるな」と思っていたんですよ（笑）。そうしたら「似ているけど、違います」と、一発でダメでした。でも、『週刊新潮』もそうやれば良かったんですよ。そうすれば島村なんかに騙されて、大恥をかかずに済んだんです。

高須——それでは、はじめに払ったその100万円はそのままですか。

花田——100万円はパーですよ。騙された方が悪いから、返してくれとも言えないでしょう。結局その人が何者かは分からないままです。

もう1回もオウム絡みなんですけど、『クレア』の女性編集者が、たまたま取材で阿蘇に行っていたんです。なぜかこれも偶然、阿蘇なんですけど、彼女が阿蘇のひなびた旅館にしばらく滞在して、取材をしていたんです。そこで同宿していた中年夫婦と仲良くなって、いろいろ聞いたら、私は坂本弁護士を拉致する時に車を運転して、横浜の家から関西まで運んだんだ。その後オウムを抜けたので、今オウムに追われて隠れているんだ」と言うんですが、その女の子は分からないから、僕に電話をしてきたんです。だから僕もすぐに江川紹子さんに行ってもらった。江川さんはずっとオウムを取材してきて、坂本夫妻もよく知っていたから。そうしたら2人の話を聞いた江川さんが電話をしてきて「まんざらデタラメとも言えない」と言うんです。江川さんが言うから、こっちも信じたんですよ。

高須——まあ、江川さんが言うのであれば、信じますよね。

花田——そう、その夫婦を東京に呼んでじっくり話を聞こうということになって、「じゃあ、連れて来てくれ」と。その中年夫婦がオウムに追われて危険だと言うから、川崎にマンションを借りて、そこに住ませて（笑）。もう徹底的に話を聞いたんです。記者が数人がかりでウラ取りに行くんですけど、何1つウラが取れないんです。

高須——その時点で、怪しいですよね。

花田——江川さんがなぜ、まんざら嘘とも思えないと判断したかというと、例えば拉致された当時の坂本弁護士の家の周りの風景があるじゃない。ここにどんな草が生えていたとか、その当時の風景を知っているんです。もうだいぶん前に変わっているんです。江川さんも当然、以前の風景を知っている。だから「あんなことを知っているのは、何か関わりがあるんじゃないか」という判断なんです。しかし、何1つウラが取れないからもう困ってしまって、しょうがないから2人を説得して「一緒に警視庁に行こう」と言って、その中年夫婦を連れて行ったんです。それで警察も調べてくれたんですが、やっぱりウラが取れないわけです。結局「しょうがないな」といって、これもパーになったんです。

高須――花田さんは、その時、パーにしたんですよね。今はその段階で書くんですかね。

花田――う〜ん、分かんないけど。『週刊新潮』には情報の見極めと捨てる勇気が欲しかったですね。朝日なんかは『週刊新潮』が1回20万円、月刊誌の分と合わせて90万円を払ったと、咎めているけど、それは当り前ですよ。有力な情報にお金を出すのは、僕が騙された夫婦についていうと、マンションを借りて、2カ月分の生活の面倒を見たけど、たいした金額ではないと言えば、たいした金額ではないんです（笑）。

高須――いやあ、まあ気のきいた所に住まわしたら、100万では、きかないでしょ、それは（笑）。

花田――あの2人はいったい何者で、その後どこへ行ったんだろう（笑）。詐欺師なのかね。全然分からないんですよ。まあこれも記事にはしていないから、そういう意味では訴訟問題とかにはならなかったからいいんですけどね。その人たちは、その後に日本テレビに行ったんです。日本テレビの知り合いの役員の人から電話があって「花田さん、こういう人が来ているんですけど、どうなの？」と言うから「いや〜、それは怪しいから止めた方がいいよ」と言ったんです（笑）。その後もフォローをしていないから、どういう人だったんだろうと、結局分からず終いですよ。でも、来るんですよ、そういう人が。そういう人は実に巧みに嘘をつくんです。それでも、どこか部分的に本当のことがありますからね。だから島村（朝日新聞「阪神支局」襲撃事件実行犯の告白の誤報の証言者）でも、新潮の編集部が信じるぐらいだから、なんかそれらしいことはあったんでしょう。信じるに足るようなことが。ただ、検証はもっとするべきだったと思います。

高須——今回の早川編集長の間違いには、新潮社と島村氏の真ん中に立った人が1人いると思うんです。

花田——そうなんですか。

高須——その人を、早川さんは信用していると思うんです。その人は、様々な場面に跋扈している人で、きっとその人に嵌められたのではないかと思うんですよ。致命的だったのが、アメリカ大使館の、あの人の件なんですけど、そこの部分を妙に早川さんはスキップしてしまっているんです。肝心なアメリカ大使館のところを早川さんはスキップしているんです、ある人を信用して。その人は、中国通と言われていて、私も何回もえらい目にあっているんです。

とりわけ数年前、瀋陽（中国の瀋陽市）の日本大使館に日本人脱北者16人が駆け込んだという情報を私に売り込んできたんです。「当時、支持率の低迷に悩んでいた安倍元首相の一発逆転にもなる情報なので、各メディアに知らせて欲しい」と伝えてきたんです。今となってはその人の虚言だったんですが、信用した私は毎日新聞社当時常務だった朝比奈豊（現在社長）に連絡を入れて、合わせてテレビ朝日の武隈報道センター長まで連絡を入れたんです。

花田——あの中国の警官が子供の手を引っ張っていたシーンが放映されて、顰蹙をかった事件と同じ頃のことですか。

高須——はい。毎日新聞の中国支局が瀋陽の大使館に確認を入れるわ、テレビ朝日も独自のネットを使い、瀋陽当局に確認を入れるわで、水面下では相当の人が動いたんです。朝比奈は私の高校時代の同級生だし、武隈は私の元妻の横田砂選さんの兄でもあり、私の情報を信じて、本当に動いてくれたんです。私もその中国情報通の人を信用してしまっていたんで……。結果、虚報虚言でそんな事実は全くないと分かったのは、翌日でした。私はその中国通を信用した結果、毎日新聞とテレビ朝日に、私も虚報を流し、虚言を弄したことになりました。今回の朝日新聞「阪神支局」襲撃事件実行犯の告白の誤報事件においても、早川さんはその人の虚言虚報を信用したからこそ、大事な部分を結果的にスキップして掲載したんだと思いますね。

花田——そうなんですね。いやでも、本当にそういうことはありますよね。

高須——私を騙した人は早川さんとも信頼関係にあったと思いますよ。

花田——ああ、そうなんですか。それは新事実ですね。

高須——ええ。瀋陽の駆け込み情報を私は本当に信用して、「朝比奈、駆け込んだぞ」と毎日新聞本社に意気揚々に電話もしたし、テレビ朝日の武隈さんにも「ウラ取りに行って」とワーと動いたんです。でもどこにもそんな与太話はないよ。これはガセだと言われました。たった6時間の早業でやったんですが、虚報および虚言だったんです。

花田——そういう事を注意しないといけないんだけど……。我々の仕事に誤報はつきものだから、しょうがない。問題は誤った後の処理の方法です。

高須——そうですね。だから、ウラ取り作業というものが、とても重要になるわけですかね。まあ当然、引くこともあるんですけど。

花田——取材したからといって、必ずしも全部が記事になるわけではないですから、どこで中止する勇気を持つかというか、引く勇気みたいなのも必要でしょう。『週刊現代』が相撲の八百長[※20]を掲載したために、協会側から名誉棄損で訴えられて、負けた。賠償金が4290万円。法外な金額ですよ。

　例えば、八百長が実際にあり、お金を渡すとするじゃないですか。でもその時に「領収書を下さい」と領収書を貰うものではないですからね。そういう性質のものじゃない

※20　大相撲八百長疑惑…講談社『週刊現代』が大相撲疑惑を掲載。その後大相撲協会が名誉棄損で、講談社などを相手に訴訟。裁判長は講談社側に計約4300万円の支払いと記事を取り消す広告の掲載を命じた。

から、物的証拠を示す事ができないんですよ。不可能ですよ。だから八百長はいくら告発してもダメなんです。というか裁判になれば、負けるんですよ。だから『週刊現代』は絶対に勝てない。もし八百長の告発をするにしても、裁判に持って行かれない様にしないといけないんです。なんであんなに突っ走ったのか、不思議でしょうがないです。負けて、４２９０万円も取られたらたまらないですよ。

高須——まあ、そうですね。

花田——１冊３５０円の週刊誌がおよそ12万冊分ですよ。12万冊といったら、今の『週刊現代』の売り上げの２分の１です。それを払わないといけないんでしょう。それは大変です。最近は、賠償金がどんどん上がっています。これは良くない傾向なんですよ。編集者にとっては、プレッシャーですよ。それはやっぱり次からは、自粛してしまうでしょう。アメリカはもっと高いといいますけどね。

高須——どれくらいですか。

花田——アメリカはもっと何億、何十億ですよ。名誉毀損は日本とは全然違うわけです。だから日本の場合は、ちょっと、高くしたら、どうしようもないなって思いますよ。雑誌協会が上野徹会長名で抗議文を出したんですけど、それももっともだと思います。

僕は編集長時代13件訴えられて、２件負けたけど、１００万円ぐらいだったので、なんとか払えました（笑）。

高須——今の編集者は脇が甘いと思いますか。

花田——甘いでしょうね。僕もやられましたから、あんまり他人のことは言えないな（笑）。でも11勝2敗ですから（笑）。しかし最近の金額はひどいですね。

山崎拓の女性問題とか、中川秀直のベッドイン写真とか週刊誌が報じたでしょう。あれで２人とも総理総裁の目はなくなったとも言われています。そういう政治家のスキャンダル暴露が続いて、政治家側も、少し週刊誌を抑えないといかんという流れと、むしろん人権重視の風潮もあって、賠償金の高騰が続いているんですよ。これは週刊誌というメディアを殺しますよ。

高須——そうですね。花田さんは、書く時は、そこら辺を見通していますか。

花田——それはやはり見通しますよ。見通していてもやられる時はやられますけど。僕の場合、負けたのは、もう負けるべくして、負けているわけです。１件は、高利金融のアイチの森下社長の事を取り上げたんだけれども、森下に逃げられてしまったわけです。コメントを取るために追いかけて、田園調布の自宅まで、若い記者が張り込んだんだけど、結局逃げられてしまったんです。それで当事者のコメントが取れなかった時は、記事にしないということを僕は原則としていたんです。その時にどういう理由か忘れたんですが、記事にしたんですよ。それで訴えられて、それはもちろん負けました。向こうのコメントを取っていませんからね。もう1件は、日大の総長選に絡んで、お金が動いたという話で、これは全部コメントが匿名なんです。法廷に出せないから、これも負けたんですよ。だからそれは、もう負けるべくして、負けているから。諦めもつきますよ（笑）。

高須――『週刊現代』も結局、藤田憲子さんが出てこないということは当然想定できているわけですよね。だから、武田頼政君（大相撲八百長問題を記事にしたジャーナリスト）は勝てるわけがないんですよ。

花田――やはり相撲協会はしぶといですよ。かつて茶屋制度の問題で理事長以下、国会に呼ばれて、茶屋を番号制に変えたことがありましたけど、実質は何も変わってない。

高須――そうですね。でも難しいですね。これによって『週刊現代』は部数が増えなかったわけでしょ。

花田――そんなこと言っていますね。なんか売れないらしい。最近は大スクープを出しても1回しか売れないらしいですね。それは、辛いですよ。まあ、僕らの頃は3回ぐらいは売れたんですけど、今はその号だけとか、下手したらその号もあんまり売れないとか、という状態ですね。

雑誌メディアは滅びるのか！

高須——紙媒体は、やはり滅びの産業ですか。

花田——いや、僕はそうは思わないんですよ。新聞社の人もそうなんだけど、会えば必ず「もう活字はダメだ」とか言うじゃないですか。

高須——はい、新聞社の人が１番言いますよね。

花田——やっている本人がそう言ってはダメでしょう。やはり自分がやっていることを信じて、仕事をやって欲しいと思います。それは、色々なメディアができてきましたから、部数減とか、ネットで用が足りるから「新聞はいらない」という人もいるかも

しれませんよ。しかし、一覧性であるとか、新聞の良いところもたくさんあるわけです。そういう意味ではもっと情熱を持って、やって欲しいと思います。「もう紙媒体はダメだ」「インターネットに移行だ」と言うでしょう。でもグーテンベルクが、印刷を発明したのが16世紀でしょう。５００年以上も経っているわけじゃないですか。それで活字は残っているのだから、そう簡単に滅びないと僕は思っていますけど。

高須――そうですね。

花田――はっきり言って、そう思わないと、やってられませんよ（笑）。

高須――できないですね（笑）。

花田――そうですよ。そんな「ダメだ、ダメだ」と言って、作っているものを読者だって喜ばないでしょう。

高須――そうですね。みんなが縮こまっているんです。例えば毎日新聞の新社長なんかは「俺が最後の社長になるのかな？」なんて言っているという情報が流れているんです。

花田――それはダメですよ。「俺が今から立て直す」ぐらいの気持ちでやらないと、それでもダメかもしれないけどね。その時はあきらめる（笑）。

高須――そうかもわからないですけどね。

花田――うん。ダメかも分かりませんし、実際のところは分かりませんけど、「俺が今から立て直す」ぐらいの気持ちでやらないと、ダメです。毎日新聞の社長も実際にはそう思っていないと思いますよ。僕はアナログな人間ですから、ことさらそう思うのかもしれませんが。もちろんインターネットのようなメディアがあってもいいし、今の時代はそういうものも必要なんでしょう。しかしネットと紙媒体の棲み分けというか、共生はできると思います。全部取って代わられるわけではないと思いますよ。今の紙媒体の編集者は自信がなさ過ぎます。

高須――自信がないというのはその通りです。今、ほとんどの編集者に自信がないんですよ。

花田――自信といっても、過信では困るんですけど、本当に面白がって作っているのかなという気がしますよ。僕はテレビには、結構早い時期から出ていたんですけど、雑誌の編集者は黒子だから、結構反対してる人も多かったんです。田中健五さんや堤堯さんも「何をやっているんだよ」と反対でした。僕はあえて「雑誌の宣伝にもなるし、こっちも面白いからいいんだ」と言って、やっていたんです。世界が広がるから、良いんではないかと思っていたし、それと僕は怠け者だから、原稿を頼まれれば、書くために資料を集めたり、少しは考えるわけだし、テレビでしゃべるとなれば、多少は勉強するわけです。何もしないよりは勉強するから、僕は時間さえ許せば、あらゆる仕事を引き受ける様にしているんですよ。まあ、後で困ったり、締め切りが迫って、どうしようもない、とかあるんですけどね（笑）。

高須——私は、花田さんと『週刊朝日』の山口編集長の「編集長」としての差はあると思うんですけど、山口編集長にも花田イズムがあるんですよ。山口編集長は上手く喋るとか、笑顔がかわいいとか言われていますけど、テレビに出ることを結構面白がっているんですね（笑）。

花田——そうですね。『週刊朝日』は、今一番元気があって、バランスがとれている。それでも売れ行きが伸びないと嘆いていたけど、頑張って欲しいね。

高須——編集長は、深海の暗闇の中に住むチョウチンアンコウみたいなもので、自分で光って周りを照らしているんですよ。仕事でも、本の指針を決めて、自分で台割を決めて、はっきり言って、自分で中刷りまで決めるわけですから。

花田——僕なんか未だに締め切りの時は徹夜で30時間ぶっ通しとかやっていますよ。若い奴の方がバテているけど、こっちは大好きなことをやっているんだから、平気なの（笑）。全部自分でやらないと気が済まないんですよ。

高須——ホント自らが、こうピンピンとくる勘所というのが、やはり「楽しい」と面白がることに繋がるんだと思うんです。私は『週刊現代』の鈴木章一とか、歴代の週刊誌の編集長と結構、仲が良いんです。でも、彼らはみんなね、ねじり鉢巻でやって、一歩たりとも動かない。

花田——編集者は動かないとダメ！

高須——動かないんです（笑）。元木さん（元週刊現代編集長）以降、外部に出てこない。もうずっと出てきません。だから私は、「なんでテレビに出てこないの？」と訊くんです。それで今の『週刊現代』編集長の乾智之君なんか、顔も良いんだから「テレビに出ろよ！出ろよ！」と勧めているんです。大相撲の八百長問題の事件についても、武田君ばかり出さないで、「もう裁判で負けることが分かっているんだから、異議申し立てをテレビの中でも、やったらどうか」と勧めているんです。その上、「あんたのところはテレビ朝日のワイドスクランブルなど関係の深い媒体あるんだからもっと出れば良いじゃない」「あなたのところのシンパシーを持っている番組あるじゃない」と言っているんですけど、出ない。

だから私は、『週刊朝日』の山口編集長が良いなと思うところは、確実に花田さんの面白い部分を継いでいるわけです。自分が面白がっているんです。テレビは「得るものを発見する」と教えてくれるんです。くだらないんですけど、教えてくれるんです。「なるほど、こんな程度でいいんだ」とかね（笑）。きっと「このレベルでいいんだ」とかテレビに出ていたら、いろんなことを思うんですよ。今、そういうことを山口編集長はやっていると思うんです。あたかも『週刊朝日』をクビになったら、テレビのコメンテーターになるような雰囲気を出していますけど、彼は絶対やりませんよ。そんなのは絶対やらない。雑誌をやっている時だけ、テレビに出るんです。それはもう見ていて分かります。花田さんだってテレビに出ていても、ずっと雑誌やっている。好きなことをやる。もちろん、雑誌の編集長だから、それが本分ですが、色々なことをやることで、それが刺激になっていい雑誌が作れるんですよ。編集長の寿命って、ドッグイヤーのスポーツ選手よりは全然短いわけで、花田さんがずっと文藝春秋にいても『週刊文春』の編集長を60歳までできるわけありませんよね。たったの数年間ですよ。

花田――ははは（笑）。そうだねえ。普通は2、3年。僕が一番長くて6年ですよ。

高須――その後、『マルコポーロ』の編集長も、あの事件がなくても、60歳までできませんよ。

花田――それは、そうでしょう。

高須――良い所の折り合いで辞めて、それで、『ｕｎｏ！』の編集長。それももう2年やれば十分。

花田――いやいやいや、十分じゃなかったですけど（笑）。

高須——いや、だいたい25回ぐらいやると飽きるんですよ、みんな（笑）。２年やると飽きるのは女とのセックスと一緒。その後『メンズウォーカー』、そして『編集会議』をやった。さあ！『月刊Ｗｉ ＬＬ』に来た。というところで花田さん、ここからはどうしても気になる話をしたいんです。

花田——怖いね（笑）。

●右翼、左翼という時代じゃないでしょう！

高須——花田さんの歴史観というか、今はもう『月刊Ｗｉ ＬＬ』という完全なる右翼雑誌を作っていますが……。

花田——いやぁ、（笑）右翼と言われると異論があるんですよ。

高須——右翼というか、保守王道雑誌ですよね。

花田——いやぁ、だから右翼とか言われたら、僕がいつも言うことは、「左から見れば、真ん中も右に見える」と。そうでしょ。「左から見ればね」と、こう言っているんです。「真ん中です」と。ダメかな（笑）。だいたい、あんまりそういう事は考えてないんですよ。右とか左とか。そういう分け方は好きではないんですけど、どちらかと言えば、それは文藝春秋という会社で育ちましたから、右の方でしょう。左翼とは言わない。だけど、別に右翼とも思っていないんですよ。僕が1番好きな雑誌のキャッチフレーズが、戦前に講談社のキングという家庭雑誌があったじゃない、野間さんが作った。

高須――あの国民雑誌と言われた雑誌ですね。

花田――そのキャッチフレーズが「面白くて為になる」なんですよ。僕が雑誌を作る上で、このキャッチフレーズが1番好きなんです。面白くて、何かの為になる、何かの役に立つ。そういうものじゃないと嫌なんですよ。そう思って雑誌を作っているだけで、別に右だとか左だとかは考えてない。ではなぜ、いわゆる一般的に右という風に言われるかというと、日本の大マスコミがどっちかというと左だからです。特に大新聞が！　中でも朝日新聞が。あれも不思議ですよ。大新聞は多くの読者を獲得しないといけないでしょう。だから創価学会などの宗教団体の批判なんかもできないわけじゃない。不買運動が怖いからね。では、左寄りで読者が増えるのか。そんなことはないと思うんですけどね。日本の大新聞、特に朝日新聞が、なぜ左寄りなのか不思議でしょうがないんですよ。

高須――朝日新聞はリベラルですよね。

花田――まあ左だ、右だという分け方もおかしいですけど、左側に位置して作っている媒体が多いから、それに対するアンチを出すと、要するに右っぽくなるだけなんですよ。僕は、世の中にある様々な、あらゆる情報がいっぱい、一般の人に伝わる方が良いからやってるだけで、はっきり言って、大新聞が、産經新聞みたいな新聞ばかりになれば、今度は左側に行くかもしれないですよ。だけど、朝日とか毎日というのが、どっちかというと左サイドでやっていますから……。例えば5月号で嫌というほど、小沢一郎のことをやっていて、「さらば小沢一郎」という大特集を組んだ。読者の中には「なんでこんなに、小沢ばっかりやっているんだ?」と言う人もいますよ。でもそれは、今でこそ、西松建設の事件があってから、小沢一郎のことを各誌やっているし、朝日ですら「小沢さんは、辞めるんじゃないの」と書いていますけど、これまでの新聞は小沢のことを何にも報じていないわけです。

高須——そうですね。

花田——政権交代ありきかなんか知らないけれど、新聞社が小沢の問題点を何ら報じない。報じていたのは『週刊現代』の松田賢弥さんであり、あるいは『週刊文春』でありね。小沢の政治団体が25億円を貯め込んでいるとか、都内の一等地に10数件のマンションの部屋を買っているとか、それは週刊誌でしかやっていないんです。新聞はやっていないんです。でも悲しいことに、一般の人は、週刊誌の情報より、新聞の情報を信じる人の方が多いですから。

高須——ええ。

花田——だからどちらかと言えば、そういう風（右派雑誌）になっているんです。一国の、もしかしたら政権交代して総理大臣になるかもしれない男が、「こういうことをやっていますよ」という情報をもっと出さないといけないんですよ。そういう意味合いでやっているだけで、たまたま5月号は、その西松建設の件があったから、記事にしたんですけど、これも今まで他社が報じていないから、しただけですよ。

高須——そういう姿勢は大切ですよね。大新聞やテレビメディアだけの情報では偏ってしまいますからね。

この間、毎日新聞の主催で、今上天皇と美智子様が撮った家族の写真など、約100点が展示された「皇后さまと子どもたち」写真展を東京日本橋高島屋で開催していたでしょう。あの時に社長の朝比奈豊が、見たこともない満面の笑みで、天皇陛下の御家族を会場入口でお迎えしている。私はそれをテレビ番組の皇室アルバムで見たのかな。それで見た時、朝比奈の、こんな、うれしそうな顔は見たことがない……。

花田——まあ、いいんじゃないんですか（笑）。

高須——この写真を彼はきっとパネルにして、実家の美容院に飾るんだろうなと思いまし

た。孫子の代まで継承される一枚の写真になるだろうと。この朝比奈のうれしそうな顔を見た時、もう世には右だとか、左だとかいうものなどないなと確信しましたよ。

花田――そうですよ。右とか左とか、今はそういう区別はないんですよ。それに拘ると『諸君！』のように、休刊になってしまう。ソ連があった時は良いわけです。左派が元気な時は、やりやすかったんでしょうけど、今はそれが上手く探し出せなかったということだと思います。そういう対立軸を見失ったんですよ。そこにあんまりにも捉われすぎたんではないかと僕は思います。もっと柔軟にやればできるわけですよ。文藝春秋というバックがあるわけだから。うち（ワック出版）なんかは何もないわけです。

高須――そうですね。

●全学連の私たちは赤軍のようなことは考えていませんでしたよ！

高須――おもちゃ屋の経営者は私が全学連ということを全員知っていたんですけど、98年まで、メディアには1回も言ったことがないんです。だから96年に花田さんが、だいぶバックアップしてくれた藤田朋子のヘアヌード写真集を作る時、荒木経惟（アラーキー）さんは私を「中卒」だと思っていたんですよ。それは、私は中央大学出身というのが面倒くさいので「大」を抜いて「中卒です」といっていたんです。

花田——違いない（笑）。

高須——だから荒木経惟には「私は中卒で、それでおもちゃ屋にいたんですよ。それで食うことができなくなったので、出版業界に来たんです」と言ったから、荒木さんは私のことを、「中学校を卒業して、おもちゃ工場の工員をして、単純な芸能好きのバカ野郎」と思っていたんです。7、8年付き合っていても私が全学連運動をしていたと言わなかったんです。何で言わなかったかというと、一緒に突っ込んで前科者になっているのは私だけではなく、多くの同志が苦労して生きていると思っていましたから。だから余分なことは言わないと心に決めていたんです。ところが朝比奈と97、98年ぐらいに酒を飲んだ時、突然「高須、お前少数派だぞ」と言われて「どういう事？」と訊いたら、「あの時、防衛庁で捕まって懲役いったの、お前を合わせて10人もいないぞ」と。それで「えっ？」と驚いたんです。だから私、本当に全学連だと言い出したのはそこからなんですよ。これを言ったら、怒られるかもしれないけど、北方謙三[※21]さんが全学連をやっていたみたいなことを言うんですけど、私は見たことないんですよ。同じ中央大学で同じ学年なのに。

花田——中央大で？　ああそうですか（笑）。あの人の「俺こそハードボイルドだぞ」と

※21　**北方謙三**…昭和22年生まれ。中央大学在学中に作家デビュー。平成12年から直木賞の選考委員を務める。

いう姿勢は笑えますね。

高須——それで中央大の白門出版会というのがあるんです。ある時「高須さん、たまには出てこいよ」と言われたので、行ったんです。99年ぐらいかな。そうしたら北方謙三が記念講演していたんです。一応中央大の同期だし、有名人だし、彼の近くまで行って彼の顔を見たんです。「モッツ出版の高須です、よろしくお願いいたします」と名刺を出して挨拶に行ったんです。そうしたら向こうがガーって立ち上がって、「高須さんですか？北方です」と言われて。多分向こうは知っているはずなんです。当時の中大の全学連の奴で、私のことを知らない奴いないと思うんですよ。それで私は「北方さん、私はあなたの事を知らんのですけど」と言ったら、彼は無言でした（笑）。

花田——はは、直木賞作家カタナシ（笑）。

高須——それからは作風変わりましたよ。時代劇に。

花田——三国志とか書いていますよね。僕は読んだことないけど。

高須——いや、本当に私はあの人が全学連にいたことを知らないんです。

花田——ああ、そう。でもそういうことを言いたいんですよね。

高須——それと、おもちゃ屋で働いていた頃、時たま新宿とかに夜飲みに行くと「防衛庁に突っ込んだ時にさ……」とか「高須とか、田村とか三上とか、悪い奴がいたんだよ」

と言いながら、呑んでいる同年輩の奴らがいるんですよ。そんな時、私はこっそり振返るんです。「見た事ねえな」とか、「それ、俺だよ」とか思いながら。

花田――ははは（笑）。

高須――それが、私が、ゴールデン街を嫌いな理由です。他にも、同期でエロ出版に行っていた奴が何人かいて、誘われて、そいつらと呑むんですけど、何で昔話でうまい酒が呑めるのかなと不思議でしたよ。こっちは飯を食うのにみんなを玩具業界に入れて、志を捨てたわけではないですけど、政治も辞めよう、とにかく子供相手に生きていこうと思っていたんです。本当に何百人という奴らが穏やかに生きたいと言って、みんなおもちゃ屋に来たんです。みんな、真面目ではないけど、もう政治運動は止めようと。日本赤軍がメチャメチャやった頃ですからね。全てを心の中にしまい込んで生きていると、何かすごく嘘つきが多いなと思うんです。何事にも先頭に立っていると、そういう些細な事に気がつくんですよ。花田さんもそうじゃないですか。どんどん傷ついて、次に転生していって、そこで名を成すということは。

花田――いえいえ、そんなことないです。僕はただ好きだからやっているだけです。

高須――そこで、思想性ということは一体何だろうと、ふと考えた時に、現在の自分がしっかり読み込んでいるのが『月刊ＷｉＬＬ』なんですよ。読んでいると「私はいつの間に、普通の人になったんだろう」と思うんです。それくらい『月刊WiLL』の史観というのにインスパイアされることも近頃、多いんです。久保紘之さんと堤堯さんとの対談は私の胸を打つというか、この歳になって、少し違ったインテリジェンスに触れるという感じがありますよ。

花田――あの2人の対談は『月刊WiLL』の名物というか、読者の期待も大きいんです。

高須――花田さんの雑誌と東條由布子さんがすごく似ている所なんだけれど、「下品じゃない」ということ。これからのキーワードだと思うんですよ。

花田――いやあ、そうでもないです。いろいろ言われますよ。

高須――いや、下品じゃないですよ。多分、姜尚中が1番読んでいる雑誌はこれ（『月刊WiLL』）だと思う。

花田――ははは（笑）。1度、田原総一朗さんのパーティーで挨拶したんだけど、穏やかな人でしたよ。

高須――間違いなく、三上治も熟読しているのは『月刊WiLL』ですから。三上から毎週、僕の所に手紙かファックスが来るんで。

花田――ああ、そうですか。

高須――三上の文章を花田さんに今日、お渡しするつもりで持ってきているんですけど、やっぱり1番読んでいるのがこれ（『月刊Ｗｉ Ｌ Ｌ』）なんです。いや、暴力的革命のロジックを持っている奴が、もう破綻しているから。破綻しているポイントは何かというと、心が幸せになっていないということなんですよ。あいつらは心が乏しくなっているんです。私の理論的バックボーンであった三上治は「すでに左も右もないよ。それぞれの立場を話し合うということが最も重要だ」と近頃、私には伝えてくるんです。

花田――そうですね。

高須――もっと言うと、元日本赤軍議長の塩見孝也が、昨年から新宿で駐車場の警備員をやっているんです。初めて労働をやったと言っているんですよ。まだ体を使うことが労働だと思っているんです。きっと、労働をやったことが今までなかったんですよ。私は長いことインスタントラーメンを美味しく食べられる人生を歩んでいるから、時代をうまく通り抜けることができるんです。

花田――我々はね。僕なんかは、昔からあんまり群れることが好きではないんです。例えば、文藝春秋で『諸君！』を創刊する前に、池島信平さんの提言で日本文化会議の機関誌を出すことになった。これに対して社内で反対運動が起こって、結局、池島さんが譲って機関誌を出すのを止めた。池島さんが小林秀雄とか田中美知太郎とか昔からの親友たちとしてきた約束を撤回したんです。社員の反対で取り下げたわけでしょう。だから池島さんにとっては非常に屈辱的なことだったかもしれません。あるいはいろんな想いがあったでしょう。それが『諸君！』の創刊に繋がっていったわけですよ。その後、その時に反対運動を起こした連中が文藝春秋に組合を作ったんです。それまで組合はなかったので。でも僕はそういう所に入ってやるのが嫌だなと思っていましたよ。学生運動の時もそうです。僕らの高校の時、60年安保で、もう学生運動をやっていた奴がいましたけど、勢いに乗ってというか、群れて何かをやるというのが、あんまり好きじゃないんです。デモに行って興奮して話している奴らをケッていう顔で見ていました。ただし『週刊文春』の駆け出しの時にずっと、連合赤軍[※22]というか……、京浜安保共闘を取材していたんです。

高須――ええ、やっていましたね。

花田――例の下赤塚の交番の襲撃事件[※23]からはじまって、長い間、結構深く取材していたので、彼らの心情とかには、かなりシンパシーを感じたということはありましたよ。貧しい生活をしながら、一生懸命やっていましたから。結果的には誤りだったかもしれませんが、食う物も食わずに運動に関わっていた。そういう連中です。だけど自分でそういう事をやろうとは思わなかったんです。塩見孝也さんや青砥幹夫さんに対して、僕が「何だよ！」と思うのは、たまたま大菩薩峠事件[※24]で逮捕されたから、その後の陰惨なリンチ

※22　**連合赤軍**…昭和46年年から翌年にかけて活動した日本の新左翼武装戦闘組織のことをさす。

※23　**上赤塚交番襲撃事件**…昭和45年12月18日、京浜安保共闘のメンバー3名により板橋区の志村警察署上赤塚交番が襲撃された事件。

事件などには関与しなかった。でも、他の連中はみんな、まだ執行されてないけど、死刑判決になったわけでしょう。彼は刑務所から出てきて、ゴールデン街で「いい気なことを言っているんじゃないよ」「そんなことをしているんだったら、もうちょっと仲間の支援とか、そういう事をやったらどうなんですか」と、僕はこう思うわけです。吉野雅邦でも、坂口弘でも、永田洋子でも、まだみんな刑務所に入っているわけですから。

高須――まだ入っています。

花田――「その人たちのために、何か支援運動でもやったらどうなんですか」と言いたいですね。

高須――彼は自分の事ばかり考えていますよ。

花田――それでロフトとかで、好きなことを言っているんですけど、非常に違和感がありますね。

●赤軍とは！

高須――今日初めて言いますけど、実は昔、こういう事があったんです。京浜安保共闘含めてなんですけど、１９７４年８月30日の丸の内の三菱重工ビルで爆破された時、私は

※24　**大菩薩峠事件**…昭和44年11月5日に共産主義者同盟赤軍派（赤軍派）が53名逮捕され、同組織の弱体化に結び付いた事件である。検挙者の中には、議長の塩見孝也ら重要メンバーが多く含まれていた。

もうおもちゃ屋に入っていたんですよ。それ以前の東大でワーワーやっている（東大安田講堂事件）時、獄の中だったんです。

花田——ああ、そうなんだ。

高須——70年初めに出所してきたくらいだから、東大安田講堂事件のことを詳しく分かっていなかったんですよ。その後、三菱重工のビル爆破事件[※25]の時に、私はおもちゃ業界で玩具六社会というのを作っていたんです。トミーとタカラとエポック社とバンダイ、名古屋にあった木製の積み木のメーカーのニチガン、学習研究社の6社に仲間がいたんです。みんなもう1社ではどうしようもないから、全学連的な発想で、6社が一緒になって全国からお客さん呼んで、みんなで商売をやろうと考えたんです。東

※24　**三菱重工ビル爆破事件**…昭和49年8月30日に東京丸の内で発生した、東アジア反日武装戦線「狼」による無差別爆弾テロ事件。連続企業爆破事件の一つ。

京大手町の産業会館でその年の各社の新製品を展示して、第1回合同見本市をやったんです。その初日に三菱重工ビルが爆破される事件が起こったんです。その時、ある実行犯の1人から「高須、ザマアミロ」と大手町産業会館のトミーのブースに電話があり、翌朝、突然警察が自宅アパートに踏みこんできました。それで全くの無関係、無実なのに私は22日間、拘留されたんです。

花田——あの時、僕は銀座にいたんだけど、すごい爆発音で慌てて丸の内仲通りの方へ行ったけど大混乱。それにしても高須さんも大変だったんですね。

高須——私は「もう政治はいい、子供相手に生きよう」と思い、おもちゃ商人になろうとしていたわけですよ。誰だか名前も知らない極左の首謀者の1人から「高須、ザマアミロ」と電話で言われた時、私、心底、真っ青になりましたよ。だって六社会の中心者は、社学同、反帝学評、中核派をリタイアした奴らですよ。その見本市のすぐ横でビル爆破ですもん。それはもう、間違いなく疑われますよ。それで私が一番に疑われて、22日間身柄を拘束されたんです。逮捕直後に、会社に電話して「パクられます」と上司に伝えたら、「高須は関係ないから大丈夫だ」とTさんという方が言ってくれましたよ。「高須は無関係」と、「当時、普通におもちゃ業界で働いているんだ」と証明もしてくれたんです。栃木の人だったんですけど、そんな事があったんです。大手町産業会館の4階のトミーブースにかかってきた「高須、ザマアミロ」という、あの電話の声は今でも忘れられません。

花田――僕は連合赤軍まではある程度のシンパシーがあるんですけど、三菱爆破の大道寺（将司）たちになると、ちょっと違いますね。

高須――しかし、連合赤軍の連中も反国家を標榜して武力行使していますよね。

花田――方向は結果的に間違っていたとしても、彼らの真摯さとか純粋さには打たれるところがあるわけです。昨年、若松孝二監督がつくった『実録・連合赤軍』という映画で、最後あさま山荘が陥落する直前に、立てこもった5人の中にいた少年がこう叫ぶんですよ。

「オレにさ、勇気がなかったんだよ」と。

それには、僕は違和感があって、監督に会った時、言ったんですけどね。「彼らに足りなかったのは、勇気じゃなく、知恵だろう」と。それを「勇気がなかった」の一言で総括するのはおかしいですよ。

高須――総括という言葉、懐かしいですね。

花田――その言葉、片仮名のソーカツでしたけど、あれで。仲間をどんどんリンチして殺していく。あの事によって、戦後の学生運動が一気にしぼんで行ったんですから。彼らに知恵がなかった責任は大きいですよ。

高須——彼らにシンパシーを感じるということは5・15や2・26の連中にもシンパシーを感じるということですか。

花田——連合赤軍の連中のやっていたことは、厳しく言えば、まあ“ごっこ”ですよ。5・15や2・26の若手将校たちは、もうちょっとインテリジェンスがあった。知恵があったんです。結果、暴力革命に向わざるを得なかったとしても思想の深さが全く違う。むろん、僕はさっきも言ったように、どちらかと言えば右寄りですから、連合赤軍にしろ2・26の将校たちにしろ、彼らの暴力を肯定するものではない。しかし、個を棄てて国を想う、その心情にシンパシーを感じるということですよ。

高須——今の時代、不満があっても、若者がふ抜けというか、考えが浅いのか、はたまた深いのか、行動を起こさない。こんな若者は花田さんから見てどうですか。

花田——何しろ頼りないですねぇ。まず若い人に接して、一番感じるのは本を読んでいないことですね。知識がない。知識がないから、何かに関して、自ら判断を下すことができない。

我々の時代には最低限読んでおかなければ恥ずかしいという本があり、一生懸命、読みました。あるいは読んだふりくらいした。今の学生なんか、驚くくらい読んでいませんよ。そこから、思想なんて生まれるわけがない。
藤原正彦さんじゃないけど、一に国語、二に国語、三、四がなくて五に国語。小学生から、もっと国語を勉強させ、本を読む習慣をつけさせないと、日本は確実に滅びますよ。インテリジェンスがない国は滅びますよ。

高須――私は今思うんですが、『月刊ＷｉＬＬ』の堤堯さんと久保紘之[※26]さんの対談内容の一部始終が、今の日本のインテリジェンスの中心かもしれない。

花田――うん。深さが違うんですよ。

高須――私のいうインテリジェンスとは、最も私がインスパイアされる文章のことで、私が最も引用するのが、堤堯さんなんです。私は2度、ＢＳ11の終戦記念番組でご一緒させて貰ったんです。それは私が「堤さん呼んでくれ」と番組プロデューサーに掛け合って実現したんです。お会いしたらしゃべりも上手だし、酒飲みだし（笑）。番組が始まる前から、2人でビールを飲んで「止めようよ、こんな番組くだらねえから」と毒舌を吐きながらも、本番が始まったら、きちんと保守王道を演じ切ってくれるんですよね。その後「一緒に飲みませんか？」と浅草に招待して、浅草ひさご通りにある古いスナック『ハレム』で痛飲しましたよ。その時、私は、ひたすら感動するというか、喜びで、ひたすら飲んでいました。堤さんは「君は変な奴だね」と、一言で終ったんですけど（笑）。

※26　**久保紘之**…昭和15年生まれ。中央大学卒業後、産経新聞社に入社。政治部記者として活躍。現在は『月刊WiLL』で連載をもつ。

もう一言、一言、完璧に堤語録をメモライズしましたよ。

花田――編集者多しといえども、その知識、見識をあれだけ持った人はいませんよ。堤・久保対談は今、久保さんが病気で調子悪いんですが、体調のいい時には6時から翌朝3時ぐらいまでやりますからね（笑）。

高須――いやあ、堤的徒手空拳というのは、「いいなぁ」と思いましたよ。私はこういう自由奔放なインテリジェンスというか、こういう自然に胸襟を開くようなことに触れてこなかったなと思いました。私は保守王道というわけではないですけど、本道にしっかりと触れていない人生を送ってきた。異端を、あるいは覇道を良しとして生きて、王道を学んでいなかったんです。ここ2年くらいかな、王道を歩く人を知るようになって、『月刊ＷｉＬＬ』を読み込むようになりましたよ。久保さんが様々な分野の書籍の引用をするので、そこでその本を買うわけです。

花田――そういう読者も多いんです。

高須――私の今までの50数年の人生の中には、ありえなかった本を熟読すると、保守王道の考え方を納得してくるんです。そのことを堤さんに伝えたんです。「王道を読んでこなかった人間の末路が僕です」と。「覇道を良しとして、そこを思い切ってやってきた人間の末路の一つに、紅白歌合戦に審査員としてヘラヘラと出演した姜尚中がいます」とも。

花田――いやあ、ホントにあれは驚きましたね（笑）。

高須――だからタレントになりたかったんだったら、始めからそうだって言ってくれと。いつの間にか、あの人たちは、朝日新聞とＮＨＫと三越が大好きなんだということが、良く分かりましたよ。つまり左翼のインテリはこの３つが好きなんです。朝日新聞は分かる、ＮＨＫを好きなのも良く分かる、もう一つ、あの高級そうな白いＹシャツは全部三越のオーダーですよ。

花田――ははははは（笑）。高島屋でも西武でもなく三越なんですね。

高須――それを見た段階で、「私もいつかＮＨＫに出てやるぞ」と（笑）。

花田――ＮＨＫに出た事ないんですか。

高須――ないですね。

花田――僕は2、３度出ましたよ（笑）。

高須――ああ、昨年末、三浦和義の自殺事件の時に1回だけニュース番組でインタビューを受けました（笑）。まあそんな感じですね。だから今、私はまさしく保守本道、王道に対して新入生の気分ですよ。それを周りが転向と言いたければ転向と言えと、毀誉褒貶と言いたければ毀誉褒貶と言えと。実際、私はそう思っているんです、右も左もないと。私はそれを今『月刊Ｗｉ　ＬＬ』に教わっていると。

花田——いやいやいや、そんなに立派なものじゃないんですよ。面白くて為になることをモットーにアナーキーに雑誌を作っているだけですから。

●『月刊WiLL』が及ぼす国民への影響

高須——最後に、『月刊WiLL』を作る上で日本人に訴えたいこと、若者に対して訴えたいことは何ですか。

花田——この前、多摩ニュータウンで65歳以上の人たちの会みたいなものがあって、そこで話をしてくれと言われたので、雑誌の話をしていたんです。そこに例の『週刊金曜日』の社長だった黒川さんという

人もいたんですけどね。色々な事を話して、「じゃあ、花田さんは、日本がどういう日本であればいいと思っているんですか。思っているのか、思っていないのか。思っているんだったら、どういう日本であれば良いと思っているのか？」という風に訊かれたんですよ。そんな大それたことを日々考えているわけではないんですけど。こう言うとまた右翼とか言われるのかもしれないですけど、「日本が、本当の意味で独立した国になることだ」と、「それには憲法も変えなきゃいけない。9条も検討しろと。9条を必ずなくせとは言っていません。だけど少なくともここまでの体制で9条に触れることもできないのはどうかと思う。要するに論議くらいは必要だということです。あるいは核だって、持つか、持たないかは別として、論議もいかんと、話したら誰でもクビになるような、そういう社会ではやはり困るんではないですかと。もう少しきちんと論議ができるような国であって欲しい。そういう風になって欲しい」と、僕は言ったんです。僕が思っているのは、まあ、そういうことくらいですね。そんなに大それたことは考えていませんけど、自由に論議できる国にしたいなとは思いますよ。その結果、「やっぱり変えない方がいい」という人が多数であれば、それはそれで良いわけですから。論議もできないというのは、妙だなと思うんですよ。

高須——総論として私が思っていることは、「全体があって個人があるというのが右翼だ」

と思っている人がいますが、右翼とか保守王道の人に私がずっと触れてきて、堤尭さんにインスパイアされたというのが1番ですが、実は個があって初めて全体があるということを最も体現していると思うんです。個の充実があって全体も充実する。「会社もそうだぞ」と。

花田——当然、そうでしょう。

高須——「会社が充実しているから、個があるのではないんだぞ」と保守王道の人は言う。左翼はそれを細胞というような言い方をするんです。

最後に、お訊きしたいことは、花田さんが文藝春秋に入って、『月刊ＷｉＬＬ』を作るまでに至る史観はどこで学んだんですか、ということです。戦後の占領政策で公職追放令やプレスコードなどで左派的な教育もあったと思うんですけど、保守王道の考え方に至る経過はどうだったんですか。

花田——文藝春秋という会社は、編集者に何を一番させるかと言うと、歴史を学ばせる。とにかく編集者に1番必要なのは歴史を学ぶことだという方針なんです。もちろん菊池寛[※27]も歴史好きでしたし、それから戦後の文藝春秋を作った池島信平さんも東大の西洋史の専攻で、第1回の入社試験を受けて、入ってきた。本当は東大の先生になりたかったぐらいの歴史好きなんですよ。文藝春秋の社風とは、やはり歴史が好きなんです。とい

※27　**菊池寛**…小説家、劇作家、ジャーナリスト。文藝春秋社を創始者。

うか、編集長は歴史を学ばないとダメだということなんです。それはそうでしょう。だって人間のやっている事なんて変わりませんから。だから例えば塩野七生さんの『ローマ人の物語』を読んでも、紀元前200年ぐらいのことから書き出しているんですけど、その頃の人間のやっていることも、今の人間がやってることと全然変わらないんですよ。進歩がないと言えば、進歩がないんです。だから「歴史を学ぶことが凄く重要なんだ」というのが、文藝春秋の社風ですよ。それと、歴史を学べば自ずと右、左というものとは関係なくなってくるんです。左が盛んだった時代もあるかもしれないし、大体どういう風に流れて来たかということが分かるわけですよ。だから心がけていなくても、史観が自然と入ってくるんです。別に学生時代、右翼でもなかったんですよ。

高須――バランスですね。花田さんが持っている素晴らしいところはバランスだと思いますよ。精神のバランス感覚が取れている。

花田――バランスがあるとしたら、それはやっぱり文藝春秋という会社で育ったからでしょうね。

高須――歴史観というか、歴史というものは、もの凄く主観的なものですから。客観性というものはないんですよ。本の選び方によって全く異なるだけです。歴史というものを自分自身の考え方で見ていくと、自明の理が上がるんです。それは個人の場合ですけどね。雑誌の誌面というものに上品、下品とありますが、自明の理が上がると、結構上品になってくるんですよ。その自明の理の日本のレベルが、花田さんは昔でいう高女、今でいう短大生のレベルで良いと、前に言ったんですけど、かつての高女を出てる人たちのセンスは凄く良いし、それである種のインテリだったし、ある種の上昇気流もあるし、分かろうとするし、上品でもあったんです。

花田——そうですね。文藝春秋は菊池寛が作った時も、作家仲間が集まって「自分たちの言いたいことが言える雑誌が欲しい」ということで作ったんです。その伝統がまだ残っているわけです。やはり自由にものが言える場ですよね。それが文藝春秋だと思うんですよ。だから右も左もないんです。だけど、最初にも言いましたが、全体的に日本のジャーナリズムというものは、どっちかと言うと左寄りですから、『月刊ＷｉＬＬ』が、右に見えるかもしれません。僕は中道だと思っていますよ。文藝春秋だって、どちらかと言えば、右と言われるわけでしょう。別に右でも何でもないと思うんですけどね。

高須——覇道的発想と王道的発想の接点が何か少し浮かび上がってきましたね。花田さんと私の間に流れた感覚が大事だと思います。

本日は、どうもお忙しい中、時間を作っていただき、ありがとうございました。

第三章　防衛庁に突っ込んだ男と防衛省を守った男

元航空幕僚長
田母神俊雄

VS

元全学連
高須基仁

- 中央大学と防衛大学と戦争
- 国が国民を守らない左翼リベラル国家
- 村山・河野談話がまねいた日本の失益
- 戦犯は国民の代表で裁かれたんだという感覚がありました
- 永田町とマスコミだけが国民の声とは違う！
- 政治家が職業になったら、本当の政治はできない！
- クーデターを起こそうとは思わなかったんですか？
- ニュークリア・シェアリングをするべきだ！
- 尖閣列島に対する日本の姿勢
- 若い自衛隊の姿と教育方針

●中央大学と防衛大学と戦争

高須——私は学生時代、社会主義学生同盟の中央大学の武闘派トップにいまして、1968年の10月21日に丸太をもって防衛庁の正面ゲートに突入した首謀者の1人でした。今になってみればバカみたいに思いますが、その時は必死、決死でしたね。突入した日の夜は4、5人の同志に護られて東京のゴミ捨て場であった夢の島に逃げたんですよ。どうやってたどり着いたのか覚えていないけど、六本木から江東区まで逃げて、次の日早朝、上野駅から岩手県に逃げたんです。11月の10何日かまでの間、岩手大学の学生寮に潜伏していました。それで、「ちょっと帰りたい」と告げて、11月20日頃に1人ぼっちで東京に帰ってきたんですよ。そうしたら今は笑い話ですけど、当時、練馬区江古田にあった自分のアパートに戻った瞬間、間髪入れず10数

→昭和43年10月21日、全学連による防衛庁突入の写真。手前の丸太を抱える先頭（写真右下）が高須基仁氏。

※1　**全学連**…昭和23年に大学生よって結成された「全日本学生自治会総連合」の略。当初共産党の学生組織がメインだったが、昭和39年には「中核派」とブントの「学生組織社学同」、開放派の「学生組織反帝学評」が三派学生連を結成。現在は共産党・民青系と中核派と革マル派。

人の警察が踏み込んできたんです。部屋は2階だったので、以前、逃亡用に細工をしていた押し入れから屋根に逃げて、それで……、捕まったんですよ（笑）。私は1時間ぐらい戦った感覚でした。最後には屋根の上から瓦を投げて、すごく戦ったつもりだったのですけど、調書によると逮捕までたったの5分間。これが、私の全学連[※1]での前歴です。

田母神―どのくらいの人数で、突入したんですか。

高須――突入した時、全学連のメンバーが2000人ぐらいいたと思っていたのですが、実際には800人ぐらいだったんです。それで最終的には凶器準備集合罪[※2]と公務執行妨害で、実刑1年半の科でした。

田母神―いつから保守に転向したのですか。

高須――転向はまだ全くしていません。しかし変わらざるを得ない部分が具体的にいっぱいありましてね。毎日新聞の社長になった朝比奈豊が、掛川西高等学校で私と同級生なんです。彼は東大に行ったんですけど、子供の頃からよく知っている、あの程度の人物が毎日（新聞社）の社長になりましたので、そこが世の中に対する不信ですかね（笑）。

田母神―その毎日新聞の社長は全学連運動をやってなかったのですか。

高須――東大でやっていましたよ。でも、68年の10月21日には、全学連の主力は新宿騒乱事件とか六本木の防衛庁突入事件でほとんどが捕まっているんですよ。

※2　**凶器準備集合罪**…刑法第208条の3。昭和33年の法改正で追加された当初は暴力団にだけ発動されていたが、その後学生運動にも適用されるようになった。

田母神――え？

高須――当時、主力はほとんどパクられていて、パクられなかったメンバーは、翌年の東大の安田講堂[※3]でガタガタやっていた余りもんみたいなヤツらばっかりだったんです。

私の学生時代は、反戦・平和というものを、ベトナム戦争[※4]報道を通して、ステレオタイプで考えていたんです。つまり米軍のナパーム弾や枯葉剤にやられたベトナムの人たちと、先の大戦時の広島、長崎の原爆投下で被害を受けた国民を同じように考えていたんです。だからアメリカによる東アジアへの介入は、断固許せなかった。だから18歳で中央大学に入った時には即座に全学連に入りました。バカなヤツが多くて、とりわけ社会主義学生同盟運動というのは非常にステレオタイプな人間たちが多かったんですね。私はその中で根性もあったし、ケンカも強かったので、一気にトップに立ったんですけど……。他のやつらはみんな青白いので、ケンカが弱いんですよ。それで私、中央大学の中で強くなったんです（笑）。たぶん、2000人ぐらいの頭だったと思います。でもそれは赤軍派以前ですね。加藤登紀子の元旦那の故・藤本敏夫をスターにしながら、私は二番手で、武闘をやっていたという状況だったんですよ。当時、私たちは極左暴力学生と言われていましたけど、特に私は極左超暴力学生の中でもすぐキレる男だったので、みんなは怖がってそばに寄りつきませんでしたね。

※3　**東大安田講堂事件**…昭和44年1月18日、19日に、全共闘が東京大学の安田講堂を占拠し、東京大学本郷キャンパスを警視庁が封鎖解除を行った事件。この影響で東京大学の入学試験は中止され、次年度の入学者は0人となった。

※4　**ベトナム戦争**…南ベトナムを支援したアメリカと北ベトナムを支援したソ連、中国との政治戦略的な戦争。

田母神――そうですか。

高須――私は今回の一連の流れ（航空幕僚長更迭事件[※5]）について、田母神さんに非常にシンパシーを覚えていますよ。実際問題。私は昭和22年生まれで、田母神さんが昭和23年生まれということは同じ世代。嫌なコトバですけど団塊の生まれで、ベビーブームですよ。私は静岡県出身ですけど、田母神さんの出身地、福島県でも、だいたい1クラス50人ぐらいで、1学年が9クラス8クラスぐらいありましたよね。そういうところで私も育ってきたんです。戦後のモノがない時代に生まれた。そんな中、ご著書の中でお父さんの意向で防衛大学に入られたと書いてあるのですが、お父さんはやはり戦争には行かれていらっしゃるんですか。

田母神――ええ、行きましたね。

高須――そうですか……。

田母神――ええ、中国に。どこに行ったのか、あんまりちゃんと訊いてないんですけど。

高須――そこでお亡くなりに……。

田母神――いいえ、生きて帰りました。

高須――実はうちの父は、江田島で海軍だったんです。南方の島々を転戦しながら、最後は陸戦隊（陸軍海軍の混成部隊）で戦ったようです。終戦間際は米軍機が、親父がいた

※5　**航空幕僚長更迭事件**…浜田靖一防衛相は平成20年10月31日夜、田母神論文を公表した防衛省の田母神俊雄航空幕僚長の更迭を決定。同年11月3日、空将となったことで一般の将と同様の60歳定年制が適用し、同日付をもって定年退職としたが、実質的には更迭である。

島の上を飛び越えて行ったんで生き残ったんです。当時の南方はペリリューや硫黄島など激戦地が多かったですから、アメリカ軍の戦力を集中させたみたいですね。だから親父がいた島にはあまり来なかったらしいです。でもその頃には日本軍の補給が途絶えましたので、島の軍生活はそれは凄まじかったようです。親父の左半身には手榴弾の痕跡が一面にありましたし、背中の肩の下あたりに小さい穴がスーッとあいていました。よく細い紙縒《こよ》りを手渡されて、「基仁、これどこまで入るかちょっとやってくれ」と言われて、その小さな穴に紙縒りを入れてよく遊びました。子供の頃は、親父の小さな穴の空いた背中は私の遊び場でしたよ。だから日常的に茶の間では親父の背中の小さな穴で遊んで、風呂場では左半身一面に入った手榴弾の傷跡を見て育ったんです。

それで私の知りうる限りですけど、親父は肉という肉は食わなかったですね。私の知っている限り！ それに、誰から誘われても、戦友会には行かなかったんですよ。子供心に「なんでだろう」と思っていました。

また、私の母の兄がシベリア[※6]に抑留されて、昭和24年に日本に帰ってきたんですが、肺をやられていて、昭和25年に結核で死にました。例の特効薬「ストレプトマイシン」が出る前後のことで、今だったら助かったんだろうと思いますけど……。ちょうど宮沢(元首相)さんの時に、銀杯とともに感謝状が届きましたよ。そこには『シベリア抑留で』

※6 シベリア抑留…戦争（8月8日ソ連が参戦）後、満州、樺太、千島で降伏した約86万人の日本軍兵士（一部民間人を含む）がシベリアに抑留された。ポツダム宣言第9項に武装解除された兵士は速やかに帰還させることが謳われていたが、それを無視した。ソ連は捕虜に政治教育をし、帰国後、親ソ、親共分子として活動させる意図があったと言われている。

と、しっかり書かれていて、それは立派な賞状です。私が3歳ぐらいの時に伯父が死んでいますが、かわいい妹の子供ということで結構かわいがられたみたいなんですよ。

もう一つ印象深いのは、あまり感傷的だと思わないで欲しいんですけど、今、母が85歳で闘病中なので、1週間に1度、静岡に見舞いに行くんです。その時に「基仁、お兄さんはね、私が結婚してあんたを抱いていたらね、こんな哀しいことはない。兄である、私が帰ってくるまで待たないで、なんで結婚したんだ。なんで子供まで孕んで……」と言っていましたよ。「バージンであった私（母）をなんか夢見ていたんだね」という話も出たりするんです。だから私の子供時代は日常的に戦争の後遺症が近くに

あったんです。

私は父親が好きで、好きでたまらなかったんですけど、田母神さんはお父さんとの関係はどうでした？

田母神—私は、じいさん、ばあさんも一緒にいまして、無意識に親っていうのは、偉いものだと思っていましたよ。それで、私の家の近くに共産党の人がいたんです。町議会議員の選挙とかがある度にいつも立候補するんですけど、うちの近くではみんな、「あいつはバカだ」とか言っていたような状況だったんです。だから、まあ、共産党というのはバカなんだなぁ、というのが子供の頃の認識だったですね。

高須——うちの父親はバカとは言いませんでしたが、「基仁、アカ（共産主義者）になんなよ」とは言っていましたよ。でも、私はすごい早熟だったんで、東京大学に行きたかったんです。15歳から18歳ぐらいまで朝比奈豊（現・毎日新聞社長）と勉強で競っていて、結局私ではなくて、朝比奈が東大に入ったんですけど。その時点で忸怩《じくじ》たる想いがありました。それで片方は毎日の社長になった。能力では私は負けてないと思っていますよ。それから私が中央大学に入って18歳の時、まさしく親父が言うアカになった時には、嫌な顔していましたよ。その時に、「父親ははっきり言っていましたよ。「アカ大嫌いだ」って。

田母神—まあ、うちの親父が私を防衛大学に入れたのも、そういうこと（アカになるな）

があったようですよ。

高須――そうでしょう。

田母神――そのころは言ってなかったけど、あとで「そうならないよう」と言っていましたよ。

高須――やはり、そうでしょうね。お父さんは、徴兵で……、赤紙ですか？

田母神――徴兵ですね。

高須――お父さん、田母神さんが空幕長になったことは喜ばれたでしょう。

田母神――もし、生きていればね。84歳まで生きていましたけど。

高須――それじゃあ、大正11年ですね。うちの父親と一緒ですね。

田母神――そう。大正11年。

高須――全く一緒です。

田母神――だから私はいわば、左翼的な気持ちになったことは1度もないですよ。なぜ棒をもって防衛庁に突っ込むとか、そういう破壊活動をやるのか、学生の時は「何をやっているのか」という気持ちだったですよ。なんであんなことやるんだろうって。それはどういう気持ちだったんですか。

高須――私の中で一番強くあったのが、ベトナム戦争について東アジアへの蹂躙を許せなかったということです。そして私は、あの頃、親父の想いを晴らすみたいな感覚になっていたところがありましたよね。日本というより、アメリカに好き勝手されていた日本が嫌だったんです。私が防衛庁に突入した時は、田母神さんは、19歳だったわけですよね。その時はもう横須賀の防衛大学校にいらっしゃったんですか。

田母神――はい、いました。だから、東京へ出てきた時、原宿の駅で見たことありますよ。学生たちが山手線の車両を3両か4両ぐらい占拠しているんです。それで降りてきて、明治神宮の前でデモ行進を始めるわけです。ああ、この人たちは、何のためにこんなことをやっているんだろう、という思いだったですね。

高須――そうですね。先程言いましたが、親父の想いを晴らすみたいな感覚です。いわゆる反戦なんです。戦争の悲惨さを私は体験していませんが、子供の頃から、左半身に手榴弾の傷跡が入った親父、戦友会には行かない親父、戦争の話はしない親父を見て育ちましたから、戦争に対しての怒り、アメリカに対しての憤りがありました。そして肉を食べない親父の様子を見て、「ああ、この人、多分人の肉を食ったんだろうな」というのは、15歳ぐらいで感じていました。

田母神――しかし、人の肉を食べたというのは本当ですかねえ……、私はどうもね……。

高須――いや、この件について親父はひと言も言わないし、戦争の話はしないので、私が勝手に想像したのかなと思ったんですけど、親父が死んでから母親に確認したんです。「親父は俺の前で食べなかったけど、ダイエットのために食べなかったの？」と。そうしたら、終始一貫して、「あの人、お肉を食べたらモドすから」と言っていましたよ。最後の最後までね。

田母神――まあ、戦争状態で、人間極限状態に置かれれば、色々なことが起きるわけです。通常考えられないようなことが起きてしまうわけですよ、戦争ですから。しかし戦後の日本では日本だけが悪かった。他国《よそ》はそうではなかったというような教え方をするでしょう。当時の中国だって朝鮮だって、実は生活もできないで、日本よりももっとひどいいじめられ方して、命の保証もないような状態で生きていたわけです。それが向こうはみんな豊かに平和に暮らしたところに、日本が行ったから、彼らの生活が掻き乱されたという教え方をしているわけでしょ。私は全く違うと思うんですよ。日本が行くことによって、生活水準も上がったし、治安も良くなった、というのが実際のところだと思うんです。今は日本に侵略をされたとかいうことを教えているわけでしょ。日中戦争だって、向こうが仕掛けてくるのを日本は止めよう、止めよう、止めようとしたけれども、仕掛けられて、仕掛けられて、仕掛けられて、やむを得ず入っていくんですよ。だから、そういうことを日本の侵略だと教えること自体、私はおかしいいんじゃないかと思うんです。

高須——私も最近そう思っているんです。アジアに作った日本の帝国大学が躾、教養を身につけさせ、生活水準を上げたんだと思うんですよ。その中でも、とりわけ、一番最高なのは東京帝国大学ですよね。

田母神——はい、そうです。

高須——やっぱりまず東京大学ができてから、帝国大学が全部で9つできましたよね。

田母神——はい。帝国大学[※7]は全部で9つ作られましたね。6番目に作られたのが1924年の朝鮮半島の京城帝国大学[※8]。台北帝国大学が1928年に作られました。それから、大阪、名古屋ですからね。

高須——ええ、大阪帝国大学と名古屋帝国大学を創設する前に、朝鮮と台湾に作っているんです。私は帝国大学には思い入れがあるんですよ。帝国大学を出た人は民間企業で利益追従ではなく、直接的な国家の職について欲しいと常々思っているんです。なぜならば、それだけの能力があり、それだけの教育を受けているわけですから。だから私は東大を中心とした旧帝国大出身で民間企業に入った人たちを信用しません。能力と受けた教育の発露の場所は、そこではないだろうと思うんです。昔も今も国のために生かすべきだと。そのための帝国大学を朝鮮、台湾に作ったのはどうしてでしょうか。

※7　**帝国大学**…帝国大学令による官立総合大学。北海道、東北、東京、名古屋、大阪、京都、九州、京城、台北の９つ。

※8　**京城帝国大学**…日韓併合後、国家予算で朝鮮半島に作られた帝国大学。現在のソウル大学に継承されている。

田母神――それは結局日本は、現地の人たちも、日本人と同じように教育をし、基本的には日本人と同じような権力を与えようとしたわけです。まあ、多少の差はありましたけど。それはいわば、自分の持っている金を分け与えるということです。自分が持っている教育という財産もね。白人の国家がアジア諸国にやったこととは全く違うわけです。

高須――違いますね、白人は原住民に教育などさせていませんからね。

田母神――白人国家は、まさに自国の人々を奴隷同然に扱ったわけです。15世紀ぐらいから、300年、400年にわたって、次々に侵略をして、日本がアメリカに占領された時、地理の教育が禁止されたんですね。なぜ地理の教育が禁止をされたかというと、16世紀の世界地図と20世紀の世界地図を比べたら、なくなっている国がたくさんあるからです。

高須――ありますよ。

田母神――どういう国がなくなっているかというと、有色人種の国がなくなっているんです。地理の教育をすると、白人国家が何をしたかということが全部分かってしまうわけです。だから禁止したんだと思います。

高須――確かに、そうですね。私は、ここ20年、大東亜共栄圏[※9]の構想と東條英機との関係を勉強しています。大東亜共栄圏の考え方と、先の大戦の開戦時のアメリカの考え方は全く違います。中国の張作霖爆破事件[※10]、それから盧溝橋事件[※11]も、さらにハルノートのこ

※9　**大東亜共栄圏**…日本、満州、中国、東南アジアが一体となって、当時の欧米列強に立ち向かうための政策。昭和15年8月1日の松岡洋右外相の談話で初めて使われた。

※10　**張作霖爆破事件**…昭和3年6月4日午前5時23分、奉天（現在の瀋陽）郊外で関東軍によって列車が爆破され張作霖が死亡した事件。

とも含めて様々なことを田母神さんは文章の中で書かれていますよね。私も概ね、これから先、明確にすべきことは、これらの事件だと思います。そこで考えないといけないのは、やはり大東亜共栄圏の意味だと思います。

田母神――それは、ずっと白人国家に締め上げられて、締め上げられて、なんとか団結をして、これ以上の侵略を許さないようにするということを日本も考えたんでしょう。

高須――と思いますね。

田母神――世間では、日本が侵略国家だというけど、いわば日本という国は侵略される側にいたわけです。侵略する側でなく、される側！ それで、侵略されずに最後まで残ったのが日本とタイとエチオピアなんで

※11 **盧溝橋事件**…昭和12年7月7日に北平（現在の北京）郊外の盧溝橋で勃発した日中両軍の衝突。

すよ。

高須――そうですね。

田母神――ＡＢＣＤ包囲網[※12]で、日本に対する鉄くず、スズの輸出禁止をする。どんどん、どんどん首を絞められて、ああ、もうこれ以上締められたら死んでしまうという時にボーンと一発殴った。それが真珠湾攻撃ですよ。そうしたら、戦争になったということです。結局日本は戦争で負けましたけど、大戦の立ち上がりで、フィリピンのアメリカ軍をやっつけ、インドネシアのオランダ軍をやっつけ、インドではイギリス軍をやっつけて、日本が次々と白人国家を打ち負かしていった。それを見て、東南アジアの人たちが目覚めたと思うんです。それまでは白人国家にはかなわないということで、東南アジアの人たちは諦観ですよ。しかし、日本の戦いを見て、目覚めたんですよ。

高須――フィリピンの１９４０年代の元首たちは、第三次世界大戦に勝ったって言っていましたよ。第三次世界大戦というのは独立戦争のことです。これは石原慎太郎さんもここ20年ぐらい言わなかったんですよね。マルクスについても、一切。最近、この田母神さんの論文問題から慎太郎さんがまた「東南アジアが第三次世界大戦に勝ったんだよ」と言い始めているんです。

田母神――はい。

※12　**ＡＢＣＤ包囲網**…アメリカ（America）、イギリス（British）、中国（China）、オランダ（Dutoh）による対日経済封鎖政策。

高須——私は、あの田母神論文の効果は、大変大きいと思うんです。あの論文問題から、先の大戦のことに全く興味のない人たちも、少し情報を入れているような気がするんです。

田母神——それは良かったと思います。

●国が国民を守らない左翼リベラル国家

高須——私は、基本的にずっとリベラルで来たのですが、60歳になって、まだ勉強不足のところもあるんですが、自分の中で少しずつ紐解いているんですよ。もっと言うと、わたしは覇道を歩いたわけですが、田母神さんは王道を走ったわけですよね。それが今、覇道のような扱いを受けている。王道を走った人たちの言葉の中で、これは違うぞと思ったことが一つだけあるんです。「あちらこちらに左翼がいる」ということ。これはウソだと思います。たぶん、声なき声をというか、かつてリベラルを気取った奴らがあたかも存在しているがごとく、朝日新聞と毎日新聞は書きますけど、そんなものはどこにもありゃしない。それは左翼として私がその内情をみているから間違いないです。だから、もっと私が声を上げることによって、「世論は変わるぞ」と思っています。

約40年前の1968年、私は自分なりに考えて、防衛庁へ突入しました。その時の裁判で最後に裁判長がこう言いましたよ。「高須くん、君はたくさん捕まっているけれども、今回、初めて懲役刑を出す。どう思うかね？」と。その時私はこう言いました。「裁判長、私は確信もってやっていますので、現時点の法律の前には仕方がない」。その時は20歳でしたよ。一昨年前、その裁判長が亡くなった時に葬式に行ったら、その奥さんが「高須くん、夫が言っていたよ。20歳で、これを私は確信的にやりました、仕方がないって言ったのは、高須君だけだよ」と言われたんです。

田母神―そうですか。その頃（学生時代）は学校で左翼を教えるんですか？

高須――そうでもなかったですね。

田母神―学校でも先生方が教えないんですか、大学教授が……。

高須――中央大学は教えないですね。

田母神―まあ、別に悪い意味ではないけど、言わば反体制というか。そういう考え方をもった先生方がいっぱいいたわけでしょう。

高須――いましたね。そんな私は、ここ最近になって、リベラルロジックの中で「これ、ヘンだぞ」と思うことが随所にありましてね。私にとって姜尚中《カンサンジュン》※13の言ったこと、書いたものが、ここ10年ぐらい、結構信頼すべきリベラルのロジックだったんです。ジャーナ

※13　**姜尚中**…東京大学情報学環教授。テレビ朝日の「朝まで生テレビ」でお馴染みのリベラル派の論客。囁くような話法が特徴的。

リストとしてリスペクトしていたんですが、２００８年末の「紅白歌合戦」の審査員をやった瞬間、「なんだこりゃ、芸人じゃないか」と思ったんです。鳥越俊太郎と同じ臭いを感じ取ったんです。鳥越俊太郎は、テレビ朝日を手玉にとって、テレビ芸人を気取っているし、姜尚中はＮＨＫを手玉にとって電波芸者になりたかったのかと思い、膝から力が抜けました。これはどうも説明がつかないんです。どう見ても。12月31日にヘラヘラ笑って紅白の審査員をやった段階で……。これが保守王道を歩いてきた田母神さんがやるんだったら、私もわかるんです。ＮＨＫは国営放送だから。なんで姜尚中がこんなことをやっているんだって！

田母神——12月の31日に……。

高須——ええ、紅白の審査員をやっているんですよ。姜尚中はＮＨＫの「日曜美術館」の司会を務めて、芸術的文化人にまで成り上ろうとしているんですよ。何もわかってないのに！　脳卒中と癌で倒れた辺見庸[※14]の代替え要員としてＮＨＫが姜尚中を起用しているんでしょう。その姿を見た瞬間が、私の中での、リベラルロジック崩壊の決定打でしたよ。辺見庸はそれから復帰して講演会をやって、それでなおかつＮＨＫのテレビに出て、ステレオタイプの話をしているんです。その時に、総括していないことが一点あるんです。ヤツにダメなのが。

※14　**辺見庸**…ジャーナリスト。『自動起床装置』で第105回芥川賞を受賞。

アンマンから毎日のカメラマンが爆弾のかけらもってきて、アンマンの空港で爆発した事件がありましたよね、２００３年の毎日新聞カメラマン爆弾所持事件。[※15]

田母神――ああ、ありましたね。

高須――あれを彼は、私たち仲間にこう説明していたんですよ。辺見庸には『永遠の不服従のために』という著書があるんです。「永遠に、戦争、武力に対して服従しないぞ」という彼の志を記した。その証として、彼はベトナム戦争当時のナパーム弾の欠片や破片をいっぱい持っていたんです。１９７０年代当時の破片をね。その頃の彼は、スターでしたから、多くの講演をやったんです。そのあと『自動起床装置』っていう小説まがいのものを書いて、大スターになって、全国を講演してまわっていたんです。その時いつもナパーム弾の欠片を持っていたんです。反戦の一つの証みたいにして、みんなに「触ってみろ。爆弾というものは恐いぞ」と言いながら。しかし知らないうちになくなったみたいなんですよ。だから毎日のあのカメラマンはその『永遠の不服従のために』の一文にインスパイアされて、爆弾を持ち帰ろうとしたんではないか、と私は思うんです。

田母神――ほぉ……。

高須――そのカメラマンはもう懲戒免職になったんですが、彼は、自分の文章によって事件を起こさせたことについて何一つも総括していない。何も責任を取ってないんです。

※15　**毎日新聞カメラマン爆弾所持事件**…アンマン空港爆破事件。2003年5月1日、ヨルダンのアンマン国際空港で、毎日新聞の記者が鞄内に所持して爆弾が爆発して6人が死傷した事件。

格好つけて、講演をやるというと5人ぐらいついていますよ。それはまさしくリベラル貴族。それはそれで格好良くていいなと思ったこともありました。しかしこの間、彼がＮＨＫの教育番組に出て、「永遠の不服従」について一生懸命喋っているんです。毎日新聞、朝日新聞に書いたものと同じような論調で。「戦争はおぞましい」とか言っていましたが、「お前が爆弾持って来た方が、よっぽどおぞましいじゃないか」と思いましたよ。自分の責任で懲戒免職を受けたカメラマン1人守れないで、反戦を語るんじゃない！と。戦争がおぞましいという前に、国民を守るということを伝えないといけないんです。この辺見庸の総括しないことと、今の日本の国家がやっていることが同じように見えて仕方がないんです。田母神さんの場合は、国家が守らないということです。「国が自衛隊のトップを守らんな！」と思うんです。航空幕僚長更迭事件でそういう印象を持ったんです。国が国民を守らないということです。忸怩《じくじ》たる思いもあったと思いますが、田母神さんもそう思いますか？

田母神――そうですね。国が守らないですね。

高須――「日本国家が、国民を守らんない！」とはどういうことかというと、例えばあの事件（航空幕僚長更迭事件）の前に三浦和義の問題です。確かに一事不再理※16で無罪になっていましたけど、アメリカでは有罪のように報道されていましたよ。それなのに日本か

※16　**一事不再理**…刑事事件の裁判の判決が確定した場合、その事件について再度、実体審理は出来ないという刑事訴訟法上の原則

らは誰も助けにいかない。大臣も国会議員も誰も行かない。「誰か行けよ」と思ったんです。日本では最高裁で無罪になっているのに……。これはいわゆるアメリカに拉致されたのと同じですよ。あの時、メディアの中で三浦和義を擁護したのは私1人です。日本の法律は、アメリカの法律の前に無力なのかと……。日本の最高裁の決定は、アメリカの連邦国の法律の前に無力なのかということを言ったら、今度は一気にメディアは、一事不再理って難しい言葉で誤魔化したんです。

田母神——ええ、言っていましたね。

高須——日本の法律、最高裁が「無罪です」と言っているのに。あいつは、私に「サイパン来るな」と言っていたんです。当然9・11以来、私はアメリカでテロリストになっていると思うんです。たとえ40年前の事件だったとしても、防衛庁に丸太を持って突っ込んでいったんですから。それだけをみれば、日本的テロリストに認定されている、それがアメリカ思考だと思うんです。だから私はアメリカには行かないと決めているんですね。三浦も、弁護士経由で「高須、危ないから来るな」と言っていました。最高裁で無罪の人間を、サイパンに3ヶ月も4ヶ月も拘留して、アメリカに連れて行って……。その間、国は何もしない。これは田母神さんの時と同じで、「国家が国民を守らん」ということです。田母神さんを、国家が守らなかった。本来は国が、国民を保護する、守るのが当然です。それをしないのは、ただの事なかれ主義なんです。

田母神——その通りです。

●村山・河野談話がまねいた日本の失益

高須——今一番気になるのは村山談話[※17]と河野談話[※18]の件なんですけど、これを正すにはどうしたらいいですかね。

田母神——いやぁ、簡単ですよ。新しく総理大臣になった人が、「あれは、継承しない」と言えばいいだけです。そして新しい自分の談話を出せばいいと思います。実は中国との条約に入っているからとか、変更できないとか言うのは全く関係ないんです。条約に1回入ったら、未来永劫それを守らないといけないということは、世界中見渡しても例がないです。政権代わったら、人が代わったのだから、「俺はこう思う」と、総理大臣が宣言すればいいんです。例えばあの戦争が終わって、昭和50年ぐらいまでは日本は戦争に負けたけれども、あんまりバカにされるということはなかったはずです。ところが昭和50年過ぎてから日本が他国との交渉に妥協してきた結果、バカにされるという現象が生じたんです。ということは、戦後教育を受けた人たちが、日本の中心的役割を果たすよう

※17 **村山談話**…平成17年8月15日に終戦50周年に村山富市（当時首相）が発表した談話。日本が植民地支配をしたなどと述べた。村山内閣総理大臣談話（正式名）「戦後50周年の終戦記念日にあたって」。

※18 **河野談話**…平成5年8月4日に宮沢内閣の河野洋平内閣官房長官が発表した「慰安婦関係調査結果発表に関する河野内閣官房長官談話」。いわゆる従軍慰安婦を肯定している。

になってきて、だんだんバカにされるようになったんですよ。それは昭和52年の、あのダッカのハイジャック事件[※19]で、日本赤軍に旅客機を乗っ取られて、福田赳夫総理大臣が「人命は地球よりも重い」という名言を残して、日本赤軍6名を解放しました。泥棒に追い銭みたいに16億円の追い銭をつけたわけでしょう。それから1ヶ月半後に横田めぐみさんが拉致されたんです。曽我さん、蓮池さん、地村さんは翌年ですから。あの辺からいなくなる人がどんどん増えたんです。対照的なのは、その2週間後の10月13日、ルフトハンザ航空[※20]がドイツ赤軍にハイジャックされたんです。ドイツはその時、特殊部隊で犯人を射殺しました。その後、拉致されたドイツ人は1人ですよ。それも取り返しましたよ。よど号ハイジャック事件で、ひょっとしたら北朝鮮は、日本は拉致されれば金を出すかもしれないと、思ったのかもしれませんね。証明はできませんけど、私はそう思うんです。その時、既に工作船が日本に来ているわけですよ。官邸にも報告されるから日本の官邸もわかっているんです。

高須――わかっていますよね。

田母神――しかし、自衛隊を動かしても、工作船を沈めることはやらなかったんです。先程も高須さんが言われたように、政府が事なかれ主義で日本国民を守ってないわけです。あんなの、1回沈めたら来ないでしょう。沈められないから何度も来るんだから。結局、

※19　**ダッカ日航機ハイジャック事件**…昭和52年9月28日に、日本赤軍が起こしたハイジャック事件。10月1日に福田赳夫（当時首相）が「人命は地球より重い」と述べて、身代金の支払い及び、超法規的措置としてメンバーなどの引き渡しを決断し、ダッカへ輸送した。

それでどんどん拉致されたんです。その5年後に教科書の侵略・進出事件が起るんです。教科書検定で、まあ「侵略」を「進出」と書き変えたという事実はなく、誤報だったんですけど、中国とか韓国が騒ぐから、これに妥協して、当時の宮沢官房長官が教科書の検定にあたっては近隣諸国の意向に配慮するという、いわゆる近隣諸国条項[※21]を教科書検定のガイドラインに入れたわけですよ。それでその時は、「ああ、日本はちゃんとやってくれる立派な国だ」と中国や韓国から評価されるわけです。しかし、その後はガイドラインをネタに強請《ゆす》られるわけです。問題を押えるために、結局問題を先送りする。その結果が後で問題を大きくするだけなんです。その4年後、今度は中曽根総理大臣、藤尾正行文部大臣が、日本は韓国に良いことをしたと申しました。また中国からの圧力で昭和61年に靖国参拝を止めましたね。

高須——ええ、そこからおかしくなっているんですよ。

田母神——昭和58年から昭和60年の2年弱の間に、中曽根さんは靖国参拝を10回もしているんです。しかし結局、親日派の中国の胡耀邦主席が困難な立場に立つからと言って止めて、止めた結果、胡耀邦主席がいつの間にか失脚して、大臣も更迭はするし、それから靖国参拝も止めるし……。その結果、中国、韓国から「日本の対応を評価する」と言われるだけです。その時もあんまり問題にならない。これも結局、問題を先送りしただけ

※20 **ルフトハンザ航空181便ハイジャック事件**…平成9年10月にパレスチナ解放人民戦線のメンバー4人が西ドイツのルフトハンザ航空ボーイング737-200型機をハイジャックした事件。最終的に、ソマリアのモガディシュにおいて機内にドイツ国境警備隊（当時）の対テロ特殊部隊が突入し解決した。

です。一方、靖国参拝はどうかというと、正しいことを言えば大臣はどんどん更迭されるし、言論の自由がなくなってくる。民主主義社会ですから「日本が悪い」と言う人がいてもいいけど、「日本が良い」と言った人だけがクビになったら、おかしいわけですよ、絶対！　これは言論の自由がないということです。反日的な言論の自由は無限にあるけれども、親日的な言論の自由は極めて抑制されているでしょう。あの時、中曽根さんが頑張って靖国に行っておけば、今、靖国問題なんて生じてないですよ。

高須――私もそう思いますね。あれは絶対に行くべきだったですよ。一国の首相として堂々といくべきだった。

田母神――そのあと、従軍慰安婦問題[※22]でしょう。当時強制連行なんかなかったにもかかわらず、河野官房長官が、韓国がうるさいから、「強制連行があった」というようなことを言って、韓国と政治決着をはかった。そうしたらその結果はどうですか。その日本の対応は評価された。評価された結果、問題はおさまった。あとはどうかというと、またこれをネタにどんどん強請られて、一昨年なんてアメリカでも従軍慰安婦が問題になりました。その後今度は化学兵器です。日本は全部武装解除されて取上げられた。化学兵器を捨てたのはソ連や中国なんです。それを村山内閣時の河野官房長官が日本の責任で処置をすると約束したわけでしょう。今でも陸上自衛隊が行って、ほそぼそとやっていますけど、

※21　**近隣諸国条項**…日本国の教科用図書検定基準に定められている「近隣のアジア諸国との間の近現代の歴史的事象の扱いに国際理解と国際協調の見地から必要な配慮がされていること」という規定のこと。中国・韓国・北朝鮮などの内政干渉が大きな課題。

※22　**従軍慰安婦問題**…慰安婦として日本軍による強制連行があったと捏造された問題。

いつまで続くかわからないです。これからいくら税金を取られるかわからないですよ。その時、「それは日本が捨てたものではない」「靖国行くのは当然だ」「近隣諸国条項と教科書検定は関係ない」「これは日本がやるんだ」と頑張っておけば、その時、問題が大きくなったかもしれませんが、その問題を乗り越えないといけないんですよ。日本の政治は事なかれ主義で、自分（各総理）の時では、問題を起さないように治めようとするから、結局日本の国はどんどん悪くなっているんですよ。

高須――私は1968年の全学連のまっただ中にいた時にも、全学連を連れて靖国に参拝に行っていましたよ。60年代から学生運動をやっていましたが、私たちは赤軍以前なんです。だから京浜安保共闘とか、連合赤軍とは一線を引いていたんです。私たち、社会主義学生同盟も、各共闘の革マル派、中核派、社会党の学生団体反帝学評も日本を愛していましたよ。だから靖国神社に行って参拝していたんです。

田母神――そうですか。

高須――全学連は、日本を壊そうとしていましたけど、それは時の佐藤（栄作元総理）[※23]さんの金ズバズバ持っていかれるアメリカの言いなり政治が嫌だったんですよ。だから当時の政権を壊そうとしましたけど、本当の意味での日本を壊そうとは思っていませんよ。私は日本が好きだったから、当時からずーっと靖国神社に行っているんです。靖国の若

※23 **佐藤栄作**…岸信介の実弟で第61～63代内閣総理大臣。非核三原則や核拡散防止条約に調印しノーベル平和賞を受賞。

い職員の友達が何人もいて、私が行けば、「高須さん、今日は奥まで入れるよ」なんてよく入れてくれたりしたんです。赤いヘルメット被ったまま、10人でお参りに行きましたよ。そんな私たちでも靖国参拝に行っているのに、なぜ、一国の首相が行けないんだ！　反体制と呼ばれた私たちが参拝しているのに、なぜ国を司るトップが行かないのかと憤りを感じますね。

田母神――本当に、おかしな話ですよ。

●戦犯は国民の代表で裁かれたんだという感覚がありました

高須――中央大学に行く途中、九段を通るんです。ちょっと靖国神社の前を通った時に、

さっと寄って、武運長久ではないけど、当然ヘルメットを取ってお参りしていました。私たちは確かに左（翼）から入って、アメリカを壊そうとは思っていましたけれど、この日本を壊そうとなんて思ってないですもん。共産主義だからと言って、これっぽっちも中国が全てだと、思っていなかったですよ。毛沢東[※24]という人間に対しては興味がありました。確かにありました。彼の思想でおお、なるほどと思うこともありました。でも一方では日本の保守本道の考え方にも耳を貸していましたよ。新宿の野村ビルの真前の淀橋水道場の前に高須額縁店という店がほんのこの間まであったんです。そこが私の親父の兄貴の家で、子供の頃、その伯父さんの家から親父と一緒に巣鴨プリズン（拘置所）に行っていました。巣鴨プリズンには国民が物をさし入れる窓口がありましたよ。当時は戦犯[※25]って言われる人がいまして、親父と一緒によく行きました。

田母神――（当時の戦犯と言われる人たちは）昭和33年まではいましたね。

高須――そこには日常的に行っていましたよ。だから現代の戦犯の見方に違和感がすごくあるんですね。戦犯という人たちに対して、私は今の様には見ていませんでした。子供の時から（現代の戦犯への）想いは違いました。

田母神――あの時期、誰が総理大臣になっても日本は追い込まれたし、戦争に訴えざるを得なかったと思うんです。

※24　**毛沢東**…中国共産党指導者で1949年、中華人民共和国の主席に就任。プロレタリア文化大革命を起こし中国国内に大きな影響を与えた。

※25　**戦犯**…不当な東京裁判の中で「平和に対する罪」で有罪判決を受けた者。ちなみにB級は「通常の戦争犯罪」、C級は「人道に対する罪」で罪の重さを表すものではない。

高須――ええ、そう思いますね。

田母神―だから、「日本が好戦的だったから戦争する」「侵略的だったから戦争する」というのではなくて、ずっとクビを締め上げられて、もう死んでしまうからやらざるを得なかったわけです。もしあの時、戦わなければ、おそらく、日本も白人文化の植民地になっていたでしょう。戦わずして負けるということです。

高須――私もそう思います。

田母神―あの時点で植民地になっていれば、我々は今、植民地で生活していたかもしれないんですよね。その後、２００年経って、３００年経って、どこかの国みたいに戦って、また今みたいな世の中が来るかもしれませんけど、１００年、２００年は遅れているかもしれないわけです。そういう意味では「日本は戦争計画を作って、侵略の計画を作った」なんて真っ赤なウソであって、白人国家が日本を占領した時に、戦争の責任をとにかく日本に全部取らせようとしたわけです。だから東京大空襲だったり、大阪の大空襲だったり、原子爆弾を落としたりという、まさに残虐な戦争犯罪国のアメリカに、戦犯とか言う資格があるかということでしょう。

高須――田母神さんは、今まで話を聞いて、私が「子供の時、どういう教育受けてきたの」と思っておられるかもしれませんが、私は、パール判事のことをすごく憶えていますよ。

東京裁判[※26]でアメリカが悪いということをちゃんとパール判事の判決文で公言しているんですよね。「この東京裁判で日本が国際法に照らして無罪である」と終始一貫。

田母神―ええ、そうです。

高須――パール判事のあの言葉が、世に出なくなって何年ですか。出なくなったのは、昭和60年ぐらいですよね。パール判事の判決文の中に、日本は確かに無罪であると書かれていました。そして連合国における、原子爆弾投下は、もっと罪が重いということを言っている。このことが今、世の中に出てこないんです。私は左翼なのに、最近結構このことを雑誌や新聞に書いているんです。しかし知らないうちに、世の中はパール判事の判決文[※27]を抹消している。

田母神―大学の入学試験に出せばいいんですよ、みんな読むから。

高須――いいですね（笑）。

田母神―必ず大学の共通一次にパールの判決文から問題が出るというようにすれば、みんな読まざるを得ないから。

高須――いいですね。そうすれば日本も少しは変わるでしょう（笑）。私たちは戦犯ということを自分たちの問題だと思っていましたよ。戦犯、靖国神社というものはもっと日常的なことでしたし、おそらく親父には自分の代わりに裁かれているという感覚があっ

※26　**東京裁判**…正式には極東国際軍事裁判という。戦後、勝者である連合国が戦争犯罪人として日本の指導者などを裁いた一審制の裁判。この裁判は政治的権限よって行われ、極東国際軍事裁判所条例は国際法に基づいておらず、事後法で裁いた裁判。

※27　**パール判決文**…東京裁判で唯一の国際法学者で「日本無罪」と判決を下した文書。

たと思います。この感覚は当時の日本国民全員にあったんではないかと思いますよ。だから多くの国民が巣鴨に慰問に行っているんです。これは田母神さんの文章にもありましたよね。

田母神──ええ、慰問のことについては書いています。当時、長谷川一夫、笠置シヅ子、淡谷のり子、藤山一郎、柳家金語桜《きんごろう》、辰巳柳太郎、こういった芸能人という芸能人がみんな毎日交替で慰問に行っていましたよ。

高須──（編集者に向って）今の若い子は知らないだろう。辰巳柳太郎は新国劇の、舞台のトップスター。笠置シヅ子は、東京ブギウギでヒットを出した、今で言う宇多田ヒカルみたいなトップスター。柳家金語桜は、今で言う（明石家）さんまだとか、（島田）紳助みたいなお笑いのトップ。長谷川一夫と言ったら、今のキムタク（木村拓哉）みたいなもんだよ。俳優の中で一番美しいんだ。その人たちが、日常的に戦犯のところへ慰問に行っていたんだよ。スターだけではない、国民はもっと慰問へ行っているんだ。届いているかどうかは別にして、お届け物もあったはず。物というより、気持ちですよ、気持ち。そういう一つの一体感っていうのが、分断されていると最近強く感じるんです。

田母神──東京裁判というのは結局、「日本国民みなさんは被害者なんですよ」「悪かったのは軍の将軍たちで、彼らが好戦的で戦争になったんですよ」と思わせたかったんです。だからこういう構造を作ったわけです。

高須――それも、戦後間もなくではなくて、ここ最近に来て加速度的に国民に浸透しているんです。

田母神―当時「軍人を悪だ」とどれだけ言っても、現実に戦争の時代に生きて、「そんなことはない」と知っている人たちが社会の中枢にいたのです。それが30年ぐらい経ってくると、そういう世代が社会を去って、戦後教育を受けた世代が社会の中枢になってくるわけです。その頃から日本はおかしくなってきたんですよ。教育というのはやはり、後から効いてくるんです。

高須――その時、戦犯という建前があっても、国のために戦ってくれた軍人という本音は別個にあった。みんな、それを共有していたんです。「裁かれる軍人は、私たちの代表で裁かれているんだ」「私たちが裁かれてもおかしくない状況なんだ」という感覚がありましたし、それが本音でしたよ。

田母神―その通りです。

高須――しかし今の日本を見てみると、やっぱり「しまった！」という感じがしますね。じわり、じわりと、真綿で首を絞められるというか、やられたという。まさしくまな板の上でやられている感覚で、「自虐史観が浸透してきたな」と……。

田母神――まあ、戦後は徹底的にやられましたから。東京裁判はまず、弁護側の資料は25％ぐらい、4分の1ぐらいしか審理されていないんです。それも弁護側が出したものがね。あそこで、きちんと審理していないわけです。その一方、検察側の資料というものはほとんど審理されたわけです。また、ウラがろくに取れなくても、証拠採用されたんです。弁護側の資料はウラが取れるものほど審理されない。日本が侵略していないと判ってしまうから。非常に不公正なんです。だから東京裁判で、梅津美治郎《うめづよしじろう》※28陸軍大将の弁護人はアメリカ人のブレークニーという少佐だったんですが、彼はこう言ったんですよ。「我々は広島に原子爆弾を落としたパイロットの名前を言うことができます。その計画を作った参謀長の名前を言うこともできます。その計画を実行した国家元首の名前を言うこともできます」トルーマン大統領ですね。「これらのアメリカ人は原子爆弾を落とせば、民間人が多数死ぬということを予期していなかったか。絶対わかっていたはずだ。これは明らかな戦時国際法違反だ。それにもかかわらず、なぜそれらのアメリカ人は裁かれないんだ。なぜ、ここに並んでいる日本人だけが裁かれるのか」と言ったら、ウェッブ裁判長というオーストラリア人の裁判長によって途中から日本語訳が打ち切られ、速記録から消されたんです。だから東京裁判の議事録に残っていない。そういう裁判だということです。戦争が終わってから作ったマッカーサー条例という法律で、さかのぼって戦

※28　**梅津美治郎**…陸軍大将。1934年、支那駐屯軍司令官となり、梅津・何応欽協定を結んだ。東京裁判で終身刑の判決を受け、服役中に獄中死。

時中のこと、日本の軍人の行動を裁くというのだから、完全におかしい。事後法で裁かれる裁判なんてないわけです。法律が遡及することは本来ないのですから、全くおかしいわけですよ。その後、東京裁判をやらせたマッカーサー自身が朝鮮戦争で原爆を使うと言って、任を解かれ、アメリカに帰ったんです。そして昭和26年5月の3日のアメリカの上院の軍事外交合同委員会で、「日本はとにかく、安全保障のために戦ったんだ。日本がもしあのアメリカの要求に応じて撤退をしていたら、おそらく1200万人ぐらいの失業者が出て、どうにもならなくなったでしょう。日本は主として安全保障のために戦ったんだ」と東京裁判をやらせたマッカーサー自身が言っている（マッカーサー証言）わけですから。こういうことは学校で教えない。だから日本ではなかなか広まらない。

高須――広まらないですね。ねじ曲げられた史観が、今もはびこっていますから……。

田母神――そうですよね。

高須――じわっじわっと。この虚偽が今の日本では自明の理になってきているんです。しかし日本では昭和28年に全会一致で戦犯者たちを『法務死』[※29]という形にしましたよね。戦犯ではないという。

田母神――はい。昭和27年の4月28日、日本が独立をしたら、国際法上戦争は終わりですから、通常は戦犯という人たちはみんな解放されるわけです。でも解放はされなかった。

※29　**法務死**…政府が認めた戦死者。日本国内においては東京裁判で裁かれてなくなった人たちは戦犯者ではなく法務死である。

※30　**サンフランシスコ講和条約**…1951年9月8日にサンフランシスコで署名した条約。サンフランシスコ平和条約ともいい、アメリカをはじめとする連合国と日本との間の戦争状態を終結させる平和条約。

それはサンフランシスコ講和条約[※30]の11条があったからです。日本政府は決められた刑期を遵守こと。この条約自体がアムネスティ条項[※31]違反なのですが、当時の日本はこれを守って独立するしかなかったんです。一応それをその条約をのんで独立したから、日本は律儀に守ったんです。もし解放する場合は、連合国2カ国以上の同意を必要とするというのが11条の2項で、結局昭和33年の8月30日までかかって、全員を釈放していったんです。だからサンフランシスコ講和条約の違反は全くしていない。お父さん、お兄さんが帰って来ないから戦犯者釈放の署名運動が起こったんです。すると4000万人ぐらいの署名が集まったんです。当時日本の人口が8000万もいないのですから、大人のほとんどが署名したんです。これをリードしたのは誰かというと、日本弁護士連合会なんです。政府に嘆願書を出したのは日本弁護士連合会。今の日弁連だったら、明後日のほうを向いているので、とてもやってくれないでしょう。

高須——だから忘れてしまっているんですよ。

田母神——それで戦犯が釈放されるように、この国会決議に向けて動き出したんです。独立した昭和27年中に、衆議院と参議院で戦犯の釈放を政府は保証しないといけないという国会決議をしたんです。共産党とか日本労農党とかの一部は反対したけど、ほとんど満場一致です。これをリードしたのは日本社会党の議員、堤ツルヨという女性の議員です

※31　アムネスティ条項…交戦後の講和終結に際して、平和条約の中に「交戦法規違反者の責任を免除する規定」を設ける通例の条項。

※32　戦傷病者戦没者遺族等援護法…軍人軍属等の公務上の負傷若しくは疾病又は死亡に関し、国家補償の精神に基づき、軍人軍属であった者又はこれらの者の遺族を援護することを目的とした法律。

よ。彼女がリードして、翌年に恩給法と戦傷病者戦没者遺族等援護法[※32]という法律が変えられて、戦犯で亡くなられた方々も、いわゆる法務死ということになったんです。戦死ですよ。これで戦犯と言われて亡くなっている人の遺族に弔慰金が出るし、戦犯と言われて生きている人には恩給を出しますよということにしたわけです。そういった経緯で、当時の法務大臣・大橋武雄法務総裁が「戦犯と言われる人たちは国内法では犯罪人ではないんです」と国会でもちゃんと答弁しているんです。その歴史的経緯を全く無視して、今現在、Ａ級戦犯が祀られているから靖国を参拝してはいかんとか言ってるわけです。

●永田町とマスコミだけが国民の声とは違う！

高須――何ともふがいない限りですね。でもこれにはメディア戦略があるんですよ。戦犯釈放の署名運動に前後して、一方では原水協[※33]（原水爆禁止日本協議会）があったわけです。その時、メディアは原水協の方を大々的に報道したんです。原水協の国民運動は戦犯者釈放の署名運動とほぼ同じ時期なんですよ。そこが田母神さんの本には入ってない。原水協の運動と、Ａ級戦犯を含めた戦犯釈放の活動は、奇妙な構造式になっているんです。これが戦前を引きずっている部分のプラスとマイナス、どっちがプラスでどちらが

※33　**原水協（原水爆禁止日本協議会）**…「核戦争阻止」「核兵器廃絶」「被爆者援護」という三つの基本目標を掲げ、思想・信条を超えて日本の幅広い人々を結集し結成された。

マイナスかわかりませんが……。アプローチ（2つの活動）の仕方が国民運動として両方からありました。あの時、原水協は社会党よりも共産党なんです。社会党には恩給問題もありましたし、それから戦犯の署名活動、それと共産党との問題がありました。ここは奇妙な構造になっているんですが、史観的な面で語ってる人が少ないんです。これを何かの時に、私はやってくべきだと思うんです。本当にこれ、奇妙ですよ。

田母神――原水協の運動と署名運動が……。

高須――はい。国民的に約4000万人の女性を中心とした社会党の堤さんが運動体の中心になっていった署名運動と原水協の問題とは、ほぼ同じところで勃発しているんです。原水協はデモで、署名運動は声なき声だったんです。あの当時の新聞見てください。メディアの報じ方は、毎日新聞、朝日新聞の報道は原水協ばっかりですよ。

田母神――原水協の方ですか。

高須――原水協がメインです。ガンガンにやっていました。戦犯者釈放の署名活動ははっきり言って10行ベタで、原水協は写真入り。この頃から、ちょっとおかしくなっているんです。昭和30年前後ですよ。私たちの小学生の頃です。

田母神――やはり、検閲があったのでしょう。あの占領政策で徹底的に検閲がやられましたから。検閲のガイドラインがあって、簡単に言えば「アメリカの悪口はダメだ」「ニッポンを褒めることはダメだ」というガイドラインです。これで新聞とか雑誌とかラジオの放送が、徹底的な検閲をされた後に流されていたということですから。

高須——このことで私が言いたいのは、ジャーナリズムの大罪です。ジャーナリズムの！私たちの年代は、大朝日、大毎日、大読売の新聞社社長と言えば、結構尊敬していましたよ。すごいのだろうなと思っていました。それが今では私の15歳からの友達の朝比奈が大毎日（新聞）の社長やっていますけど、信用していないです。以前、毎日新聞の社説で田母神さんのことを「おぞましい」と書かれましたけれど、田母神さんは今のジャーナリズムについて、どう思われますか。

田母神—ジャーナリズムですか……。やはり国民の声じゃないものを報道しているような気がします。

高須——ええ、しますね。

田母神—今回、私が（航空幕僚長を）クビになって3週間ぐらい、毎日新聞とか雑誌とかテレビとかが、さんざん私を叩いたんですが、結局テレビ朝日の『朝まで生テレビ』で世論調査をやると、田母神論文の支持は61％もあったんです。さんざん批評しまくって、あの論調で言えば私を支持するのはせいぜい10％とか、1桁なんではないかと思っていたんですが、あれだけマスコミが報道した後でも、国民の世論というのはノーマルなんですよ。永田町の先生もマスコミと一緒だと思います。私はだから永田町とマスコミだけが国民世論と違ったものを報道したのではないかと思うんです。

高須――私は、どうも「大向こう」（※立見席の観客。芝居通の人が多かった。転じて、一般の見物人）というものがあるとすれば、その「大向こう」というのは、どこを意識しているのだろうと思うんです。今、言った中国、韓国を見てるメディアと政治家もいました。当然、中国を見ている朝日新聞。毎日新聞はちょっと変わってきましたけど……。新聞やマスコミが見る「大向こう」とは、どこなんだろうと。日本の国益のために日本人を見て、新聞は報道していない。

田母神――だから日中記者交換協定[※34]っていうのはまだ生きているんでしょう。

高須――はい、生きていますね。

田母神――だから中国の悪口は書かないということですよ。

高須――ええ、書けない。

田母神――そんなバカなことがありますか！　それだったら外務省があれを破棄するように頑張るべきです。

高須――そうですよね。そして実際、中国、韓国へのメディア調整が問題です。またメディアの支局設置問題ですよ。田母神さんの論文にも出ていますけど、ちょっと揺すったら、

※34　**日中記者交換協定**…「日本政府は中国を敵視してはならない」「米国に追随して「二つの中国」をつくる陰謀を弄しない」「中日両国関係が正常化の方向に発展するのを妨げない」という日本と中国の間で取り交わされた協定。日中双方の記者を相互に常駐させる取り決めのこと。正式名は「日中双方の新聞記者交換に関するメモ」。

向こう（中国、韓国）はすぐ反応して「日本のメディアは出ていけ！」と言う。でも少し時間が経てば、また擦り寄ってくるんですから。いわば、駆け引きですよ。中国の駆け引きに日本はいつも一喜一憂しているんです。

田母神―財界人の目にはやっぱり商売しかないんだと思います。自分の生活が成り立つか、成り立たないか、会社が儲かるか、儲からないかなど。例えば朝日新聞や毎日新聞が中国の悪口を書くと、中国に進出する企業から、「もう広告出さないぞ」と圧力かけられるわけでしょう。そうすると、会社の社長にも財界から圧力がかかるから、「しょうがないな」と妥協することがあるんではないかと思うんです。

高須―そうです。決定的に言わなければならないのに言ってないことが一つだけあるんです。私はコマーシャルは、あってもいいと思っているんです。しかし本来国からの許認可事業であるテレビ業界とは違って、新聞は自由であるべきなんですよ。ところがコマーシャルを入れるからクライアントの意向を受け入れなければならない。それで正しい報道がされないんです。だから新聞は広告を抜いて実売額だけで成りたたせないといけないんです！　実際問題、私たちが作っている1冊1冊の書籍には、広告入れないでしょう。そういう志が新聞にないんですよ！

田母神―ああ、なるほどね。

高須——はっきり言って、本気で読んでもらいたいっていう志がないんですよ。社説であったり、朝日新聞の「天声人語」だったり、毎日新聞の「余録」であったり、静岡新聞の「大自在」であったりをしっかり読ませる努力が必要なんです。本来、新聞は広告に頼らないで、実売数を上げる努力が重要なんですよ。そこに見える（対談中のホテルから）ＴＢＳは新ビルの凄いものを作って、その土地を国から払い下げでもらっているわけです。これはいいです、国からの許認可だから。でも、新聞社というものは、違うはずです。やはり私は一番堕落したのが新聞だと思っています。もうダメですよ。どうしようもなんない。広告寄りの記事しか書けなくなって、なおかつ、今の経済マーケットは中国がメインになっていますから、中国批判の記事は買えなくなるでしょう。新聞は、これからますますダメになっていくんだろうなと思います。新聞の部数を見れば、国民に等しく読んでもらいたいという想いがないとわかります。それはインターネットがあるからとか、そういう問題じゃない。国営テレビはあっても、日本には国営新聞はないんですよ。これがジャーナリズムですよ。今、日本の新聞は中国国営新聞や北朝鮮国営新聞のようになっている。

田母神—だから、安いからという経済効率だけで、餃子工場を中国に作るようなものなんです。日本の中に作れば良いんです。そうすれば海産物も使う、農産物も使うし、工場で働く、いわば雇用にもなるわけです。安いからということで、日本人に食べさせる会社が全て中国へ出て行き、中国人を雇用して、日本人を食べさせてるみたいな仕組みになっているわけでしょ。こういう点が、他の先進国と比べてちょっと形が違うんです。他国《よそ》は自分の国でだいたい食糧を賄える体制になっていますけど、日本は中国から輸入を受けないと賄えないような体制にしているわけです。国の在りようとしてこれが違うんですよ。

高須——自給自足し、鎖国しますか（笑）。

田母神——食糧事情で鎖国することはないですが、やはり食糧ぐらいは、国民に供給できるような形を作ってないといけないですね。どんなことがあっても、今食べている物の少なくとも3分の2は食べられるというぐらいの体制にはしておかないといけないと思います。

●政治家が職業になったら、本当の政治はできない！

田母神——先ほども言いましたが、今の日本の政治家、総理大臣、リーダーが「事なかれ主義」になっているんです。「事なかれ主義」とは「俺の時には問題を起してくれるな」ということです。後で問題が大きくなるかもしれないが、そんなことは知ったことではないというスタイルなんです。結局総理大臣が、今の日本をダメにしていると思いますね。志が低すぎますよ。今の総理大臣には、「自分たちの子供や孫にはより良い日本という国を残してあげよう。より良い生活が出来るような形にしてあげよう」という想いがないような気がします。ひとつの職業として、なんだか失業対策でただ国会議員やっているような、また国会議員を雇っているような話です。

高須――職業としてですね。

田母神―問題は国会議員になって、「あんた何やるんですか」ということです。

高須――この間、ある総理大臣経験者に会った時に、こういう話をしたんですよ。あの名古屋出身の総理大臣、海部俊樹です。

田母神―ほぉ。

高須――ちょうど2時間ぐらい飯を食った後、すぐに会わないかと言われて、会ったんです。そうしたら「人間は、生きたって100歳までなんだ。なんで1000年先のことまで憂うんだろう」と言うから、「ふざけるな！　あなた自民党なのに、中国に毒されていないか」と言ったんです。それの考えは中国故事ですよ。人間は、頑張ったって100歳ぐらいまでしか生きられない。なんで1000年先のことを憂うのかと。それをかつての総理大臣が言った時に、私は激昂しましたよ。「ふざけるな！」「自民党だろ、あんた……」と。一般人は、100年を考えるのが精いっぱいでしょうけど、政治家は、国家を作るのだから、1000年先を憂えないといけない。1000年先まで憂えるのが国会議員なんですよ。それができるから国会議員の先生で、みんなに慕われるんです。政治を司る人間が、一般人と同じことを言っていて、どうするんだと思いましたよ。それでも日本を守る自民党かって！

田母神――それはまず自民党という政党がどんどん変質していったんです。本来、自由民主党ができた当時は保守主義の政党だったわけです。だから昔の日本の伝統文化を守りながら、憲法改正もして、国を再建していくんだということを考えていたはずなんです。ところがこれが、55年体制[※35]で野党の社会党から追及されると、自分の主張をしないで、ちょっとあめ玉をしゃぶらせて、問題を解決し、ちょっと左に寄るんです。「政治は妥協だ」とか言って、ちょっと左に寄る。問題が解決すると次の基準はそこです。左になるんです。また問題起こるとちょっと左に寄るわけです。また問題起こるとちょっと左に寄る、これを繰返しているうちに、自民党が保守の政党ではなくなってしまったんです。村山富市を擁立したり、今は公明党とくっついたりしているでしょう。これは結局、自分が生きるために麻薬売っているようなもんなんです。自分が生きることが国家にとっ

※35　**55年体制**…1955年に自由民主党と日本社会党の2大政党で政治を行っていた体制。

ての損失でしかなければ、死んだ方がましなんですよ。

高須――私もそう思います。

田母神――ところが自分が生きるために麻薬を売り続けているから、これは死ぬまで続きますよ。公明党と自民党が選挙で負けるまで続くわけです。自民党が自民党内の政治ができるかと言えば、できないわけでしょう。実際、自民党の中にも、保守主義ではないいわゆる左翼みたいな者がいっぱい入っているわけです。河野洋平だったり、加藤紘一や、さっきの海部の俊ちゃんだったり。こういった人たちは保守主義者ではないわけです。しかも、親中派が多いわけです。なんでも中国の言う通りにしてきて、アメリカに対して何か言えるのかと言えば、それも言えないんですよ。アメリカや中国に対してやモノを言うことは、人間関係が崩れるかもしれないわけですから。総理大臣はそれができないんです。しかし総理大臣は国のリーダーだから、言うべきことは言わないといけませんよ。

高須――そうですよね。

田母神――外務省の役職にある人たちも、国を背負っているわけだから、摩擦を恐れて、他国にお金出して、いい人だねと言われても、誰が苦労すると言えば、国民が苦労するわけです。総理大臣や外務省の局長などの外国と折衝をする人たちは、国民を楽にするために、もっと苦しんで、国を背負って頑張ってもらわないといけません。彼らがただ、いい顔するために日本の富を次々に持ち出し、その結果、他国にバカにされるのなら、意味がない。外交で何を達成するべきかと言えば、日本人が働いた以上の富を日本に還元するということ、あるいは日本が諸外国から尊敬される国にすることだと思うんです。だから金を多少出しても、尊敬が受けられるのなら、まあいいかと。巡り巡って、また国益が増すかもしれない。またバカにされても、金がどんどん入ってくるからいいかとか、これも1つの考え方でしょう。しかし、つきあえばつきあうほど、金は取られるは、バカにされるのであれば、鎖国したほうが良いですよ。外交をしない方がいいと思います。

高須——私もそう思います。この問題は、議員が政治を職業にしているということです。いつからそうなったのかということがポイントだと思うんです。私は政治家が職業になった瞬間というのは、2代目議員の誕生、いわゆる世襲制になった時だと思うんです。

田母神——そうですね。

高須——自民党の3分の1が2世議員ですよ。私は世襲制禁止令を出した方がいいと思うんです。

田母神——そうですね。今、大手の商社でも、3親等以内は入れないなどとやっていますね。

高須――民間企業はやっています。だから政界でも2世議員はダメだとするべきです。これがとても大事なことだと思うんです。それともう1つ。たぶん私たちはあと40年なんて生きられないですよね。これだけストレスあるから長くても、あと15年か、親父の年齢からいったって、あと20年、4半世紀……。

田母神―80歳まで生きればいいでしょう。

高須――いいでしょう。ほぼあと4半世紀（笑）。その中で1000年先を憂えている論文は、そうないんですよ。私は、中国故事禁止令ということもやりたいなと思っているんです。中国故事は相当読み込んでいるんですけど、読めば読むほど刹那なんです。1000年の憂いがない。だから中国故事は刹那に生きる話なんです。

田母神―中国は哲学者がいっぱい出るわけです。哲学者がいっぱいでる背景というのは社会が乱れているんです。

高須――そう、国が乱れているんです。

田母神―盗む人が誰もいなければ、「盗むな」と言うことを誰も言わないわけですが、盗む人ばかりいるから盗んではいけないと言わなければならない。そういう意味では世の中が乱れているから、哲学者がいっぱい出たわけです。中国なんかひどいから……。

高須――それに中国故事は時の権力のでっちあげなんですよ。孟子なり、孔子なりの中国故事事典を便所に置いて、本当に何回も読み返すみたいな人生をやりましたけれど、今考えてみると、1000年の憂いがない。要するに刹那で、ひたすら今だけの胸中を諭す思想が、中国故事の原点なわけです。60歳になって思います。だから私が今2つめに思っているのは、中国故事禁止令！　そうすると日本の武将思想を再確認できると思うんです。日本武士の考え方は自分の足元を見つめるんです。そして子孫のために国を作る。1000年先の憂いがあるんです。

田母神――中国故事は中国には、あんまり残ってないんではないですか。むしろ日本の文化として日本に残っているんですよ。

高須――そうですね。確実に私たちは知らないうちに、自分が書く文章に引用なんかしているんです。それをもう1回読んでみると非常に刹那。日本の武将の言葉のほうが、はるかに1000年の憂いがありますよ。話は変わりますが、田母神さんのお父さんのご職業はなんだったんですか。

田母神――うちの親父は農協の職員でしたね。

高須――じゃあ畑持ちで……。

田母神――ええ、持っていましたね。

高須――ご子息やお嬢さんは何歳ぐらいですか。

田母神―私の娘はもう、30歳ですね。息子ももう間もなく30歳です。

高須――お2人とも、軍人を目指しているんですか。

田母神―いや、目指してないですね。息子は商社に勤めていますから。

高須――お嬢さんは自衛隊には入っていないんですか。

田母神―入ってないです。

高須――私、絶対に訊くぞって思っていたのは、田母神さんのご子息が自衛隊に入っていらっしゃったら、「うん?」と思ったんですけど、たぶん違うだろうと思っていました。そういうことですよね。

田母神―はい。

高須――自分は自分、息子は息子!

田母神―やはり日本の政治家とか、高級官僚とかもそうしたら(世襲しない)いいと思うんです。2世が後から後から出てくる。外務省なんかもどんどん出るでしょ。後に続くということは結局、いかにおいしい蜜があるかということなんですよ。

高須――そうですね。

田母神―自分の息子をまた外務省に入れたいんだから、相当いいことがあるんでしょ。

高須――ですから、政治家も相当、おいしいんでしょうね。最近の首相でも、小泉さん、安倍さん、福田さん、麻生さん、みんな2世ですからね。

田母神——福田康夫さんなんか見ていたら、そこらの煙草屋のおじさんと同じですよ。こんなこと言ったら煙草屋のおじさんに怒られちゃうかもしれない（笑）。

高須——福田さんは自衛隊の高級幹部会談、欠席したんでしょ。

田母神——はい、来なかったんですよ。

高須——前代未聞でしょ。

田母神——辞めるとは言ったけど、まだ自衛隊の総指揮官ですから。そんな自覚は全くありませんね。

高須——全くなかったですか。

田母神——ないですね。自衛官の指揮官という自覚なんて全くないですよ。

高須——麻生さんは、どう思いますか。

田母神——麻生さんもちょっと軽いですね。彼も、ぶれないといいんです。今、日本国民はどのようなトップを求めているかというと、ぶれないリーダーを求めているんです。比較的ぶれないのが東京都知事の石原慎太郎さんであったり、大阪府知事の橋下徹さんであったり、あの橋下徹さんは、テレビでそんなこと言っていいのかと思うようなことを、言っているわけだから（笑）。通常あんなこと言ったら、リコールが起きますよ。だけど、

1年経って、支持率8割以上というから凄いですね。結局、彼は外から何か言われても、「いや私はこう思う」という信念があるわけです。ところが、麻生さんは外から何か言われると、「いや、私は本当は違って……」なんて言い訳するわけでしょう。これがやっぱりダメなんです。今回、麻生さんが私を懲戒にした時も立場（田母神氏の空幕長という）が立場だから、不適切だと言っているわけです。これは「お前は航空幕僚長だから、この論文を野党が国会で追及すると俺が困るだろう。政局になるではないか。政局になるようなことをやらないでくれ。そうでなくても政権基盤が弱いんだから」と言うような意味なんです。これを「不適切」と言う日本語で表現したんです。「政局になるから、本来言うべきことを言うな」というやり方が、さっき言ったように、日本をどんどんダメにしてきているし、自民党をダメにしてきていると思うんです。

高須——11月3日（更迭された日）でしたかねえ。

田母神——ええ、あそこから支持率が下がっているんですよ。

高須——あの時に、田母神さんを完全に支えた政治家というのはいなかったんですか。

田母神——裏では頑張って下さいとか言っていましたけど、表ではないですね。

高須——表で、正式にコメント出したのは。

田母神——いないですねえ。

高須――ゼロでしたか。

田母神―「正しいのではないか」と言った人はゼロでしたね。だから政治家も勇気がないなと思います。今後10年、20年先を考えた時に、村山談話と田母神論文とどっちが、日本のためだといったら、私は明らかだと思うんです。おそらく多くの政治家もそう思っていると思いますよ。それにもかかわらず、誰も声を上げられないというのは本当におかしいと思います。「何のためにあなたたちは政治家になったのですか」と訊きたいですよ。私はテレビに出た時も、一部の自民党の政治家が、「私は田母神さんを支持することはできない」「村山さんの閣議決定に反するようなことを支持することはできない」「民主主義社会ではできないんだ」と言うわけです。「じゃあ、あなたは村山談話と田母神論文とどっちが、日本のためになると思っているのですか。村山談話だと思ってないでしょう。思ってないにもかかわらず、結局、手続きが正当だから結果は悪いけど、我慢してくださいと、あなたは言っているんだ。それは政治家の甘えで、俺たちも一生懸命やったんだから、結果は悪いけど許してくれといっても、許されていいわけない。政治家は結果を出すまで頑張れ」と私は言ったんです。

●クーデターを起こそうとは思わなかったんですか？

高須——シビリアンコントロール※36（文民統制）の問題になった時に、「国民が田母神論文の一番最初の文だけを読んで田母神さんを怖い人だと思った」という放送が流れましたよね。その時に、もっと過激に言ってくるんではないかと思ったんです。田母神さんが出てきた当時は顔も怖かったし、ビッと刀を抜いてくるような姿勢でくるんじゃないかと。さらにはシビリアンコントロールを無視して、戦争のボタン押すんのではないかという疑惑もあったと思うんです。でも田母神さんが、テレビで、ある種コミカルに「いや私が問題の田母神です……」とお茶目に演じることによって、その疑惑を一掃した役割というのは、すごく大きかったと思うんですよ。「ああ、こういう率直な意見を言うタイプの人が（自衛隊の）トップにいるんだな」というのが初めてメディアに映った瞬間ですよ。

田母神——まあ……（笑）。

高須——その時に、私は5・15事件※37と、2・26事件※38を思い出したんですよ。立ち上がるんではないかと。私は、それはそれで面白いと思ったし、三島事件※39も思ったわけです。当時、「おお、（田母神さんは）三島由紀夫をやってくれるか」みたいな感じがありました。

※36　**シビリアンコントロール（文民統制）**…軍人ではなく、文民の政治家が軍隊を統制するという政軍関係における基本方針。

※37　**5.15事件**…昭和7年5月15日に海軍急進派の武装した青年将校たちが首相官邸に乱入し、犬養毅首相を暗殺したクーデター事件。

あの時の田母神さんは今のお顔と全然違う、まさしく軍人の顔でしたよ。決起してやろうみたいな気はなかったんですか。

田母神―そんな気はありませんよ。今は成熟した民主主義社会ですから、そんな気は全くありません！　私は日本のことを「良く言う言論の自由」というのは極めて抑制されていると思っていますから、言論で我々は闘っていかなければならないと思っていました。だから暴力に訴えるということは、やっぱり民主主義社会だからダメです。やっぱり言論で勝負しなくてはね。実は、石破元防衛大臣が文藝春秋の1月号にね……。

高須――あの野郎！

田母神―「文民統制の第一は、自衛隊がクーデターを起こさないよう見張っておくことだ」と、てんでおかしなことを書いているんです。まあ、「消極的な意味で」と書いているんですけど、あの人は（防衛）副大臣を1回やって（防衛）大臣（庁長官を含め）を2回もやっているわけですよ。だから我々とかなり濃厚に付き合っているわけでしょう。

高須――でしょう。ちなみに彼も2世議員ですよ。やはり2世議員は、ろくな奴がいない！

田母神―ええ。しかしそういう目で私たちを見ていたのかと、正直言って本当にガックリ来ましたよ。一体何考えているんだ。だいたいクーデターが起きる背景と言ったら、1929年から始まる世界大恐慌※40で、結局、日本でも食えない人がいっぱい出た。餓死

※38　**2.25事件**…昭和11年2月26日から29日に陸軍皇道派の影響を受けた青年将校らが1483名の兵を率い、「昭和維新断行・尊皇討奸」を掲げて起こしたクーデター未遂事件。

※39　**三島事件**…昭和45年11月25日、陸上自衛隊東部方面総監室において、楯の会会長三島由紀夫らが益田総監を監禁し、憲法改正のため自衛隊の決起を呼びかけた事件。

者もいっぱい出たわけです。それで娘を身売りに出してやっと生活が成り立つという家がいっぱいあったわけです。そういう状態に、さらに政治が腐っているという状態が重なってクーデターという、5・15事件とか2・26事件が起きたわけです。だけど、そういう社会背景がなければクーデターなんて起きようがないですよ。だいたい今の日本みたいに豊かな社会で、クーデターなんて起きるわけがない。今は戦後最大の不況と言われているわけでしょう。戦後最大の不況でも、本当の餓死者というのは出ないです。今はみんなメタボです。それより、我々も忙しいからクーデターなんてやっている暇ないですよ。来週の日曜日にはゴルフにも行かないといけない（笑）。クーデターなんかやっていたらゴルフに行けないし、大吟醸も飲めない。今はこんな時代だ。何を言っているんだと言いたいですよ。それに石破さんは、私が論文を書いたことが「越えてはいけない一線を越えてしまったんだ」というんです。言論の自由が認められた民主主義社会で、この論文を書くことが、また自分の意見を言うことが、どこに越えてはいけない一線があるのかと訊きたいですね。越えてはいけない一線って若い頃（男女関係で）よく聞いたけど、久しぶりに聞きましたね。越えてはいけない一線とかいう言葉は、60歳過ぎた私に言わないで、もっと若い人に言いなさいよって。

高須――（爆笑）石破さんは、田母神さんの更迭の時、代弁できなくてダメになったと思

※40　**世界大恐慌**…1929年10月24日にニューヨーク証券取引所で株価が大暴落し、世界的に起こった金融恐慌。

モラルも含めて、どういう状況になっているんですか。

田母神——自衛隊のモラルは維持されているし、意識は高いと思いますよ。我が国の組織の中では、自衛隊のモラルが最も高いと思います。自衛隊では、自分のためではなく、国家や国民のために頑張るんだという教育が繰り返しなされていますから、みんなそう考えていますよ。少なくとも一応、武士道精神みたいなものは持っていると思いますね。

高須——15歳で入隊する子、18歳で入隊する子、22歳で入隊する子、防衛大学も含めて入隊する割合で言えば、どのようになっていますか。

田母神——航空自衛隊や海上自衛隊だと幹部はだいたい2割弱ですね。

高須——2割弱。オフィサーはどうですか。

田母神——8割が下士官兵と。陸上自衛隊はたぶん9対1ぐらいなんじゃないですか。

高須——9対1。

田母神——たぶん1割ぐらいなんじゃないですかね。

高須——15歳で入ってくる子っていうのはどれくらいいますか。

田母神——少ないんですけど生徒隊というのがあるんです。

高須——少ないですか。

田母神——ええ、でもなかなか立派です。

これは、典型的な『梯子外し』ですよ。部下を裏切ることは指揮官が絶対やってはいけない。彼は何でも言えと言っていたんです。本来、指揮官の自覚があれば「私がそう言ったので、私のためにそういうことを言ったのだろう。彼がそう言っていたとすれば、それは私に責任があるんだ」と彼は言わなければいけないんです。だけどそれは全くない。これはまさに裏切りなんですよ。私たちは自衛隊で指揮官教育を受ける時に、「自分の保身のために絶対に部下の梯子を外してはいけない、部下を裏切ってはいけない」と教わるんです。これは指揮官のイロハです。これで石破さんが制服自衛官の信頼を失ったことは著しいですよ。制服（自衛官）はほとんど彼のことを信頼していませんよ。

高須――だから結局、石破はプラモデルが大好きなだけですよ。

田母神―プラモデル大好きで、歴史観は全然ダメ。福田康夫がオタクになっただけですよ。

高須――そういうタイプでしょうね。私は、田母神さんがすっとテレビに出た時に、「あっ、日本人だな」という感覚があったんです。今、歴史観っておっしゃいましたけど、やっぱり平和論者としての歴史観からみた場合に戦争はやりませんか。

田母神―そうね、戦争はね。戦争やれば誰かが死ぬわけで、自分が死ぬかもしれないわけだし、戦争やりたい人なんていないですよ。日本では軍人は好戦的で、やがて国民を破滅に陥れると教えてきたから、なんとなくそう思われていますけど、歴史を見たら全くそんなことないんです。アメリカの戦後教育でそうすり込まれたのであって、軍人というのは意外と戦争をしたがらないんです。結局、日中戦争になる時も、日本が南京を解放した後に、中国と寛大な条約を結んで、もう戦争を止めようと言ったのが陸軍参謀本部と海軍軍令部です。だけど、もっとやらなければ中国にバカにされるとか、ナメられると言って、「ぜひやらしてくれ。そうじゃないと近衛内閣が潰れる」と必死になったのが、近衛文麿だし、広田弘毅外務大臣なんです。まさに文民ですよ。軍部は、北からソ連が来るのに、これで中国と戦ったら大変だということで、「止めよう、止めよう」と言ったのが、当時陸軍参謀長の閑院宮様とその下の多田駿《はやお》参謀次長。生粋の陸軍軍人です。この多田参謀次長は近衛文麿の前で、「総理ぜひ止めてくれ」と涙を流して懇願をしたんだけれど、それでもやらしてくれと言ったのが近衛文麿なんです。もちろん、その後には尾崎秀実《ほつみ》とかね、ゾルゲがついていたわけですけどね。近年で言えば、例えばアメリカのイラク戦争を、強力にやろうと言ったのはブッシュ大統領とチェルニー副大統領です。彼は文民です。最後まで反対したのは、統合参謀本部議長あがりのパウエル国務長官です。彼は最後までイラク戦争開戦に反対でした。意外と軍人が戦争をやりたがらない理由は、やっぱり顔の見える部下が死ぬかもしれないからです。軍人も人間だから、できればあいつを戦地に送りたくないと思うのが人情です。人ですよ。それを戦後の日本教育が全く逆に教えてきているんです。好戦的なのは、歴史を見てください。みんな文民なんです。ムッソリーニも文民。毛沢東も蒋介石もみな文民なんですよ。軍人が好戦的で戦争なんてないんです。

高須――だから近衛と広田については、この人物評を逆転させせないといけないと思うんです。東條英機元首相も含めてですね。

田母神―私は東條総理大臣がピストル自決を失敗したことは、神様の采配ではないかと思っているんです。結局、東條総理大臣が生き残ったおかげで、東京裁判であれだけ精密な反論文書を作り上げたわけでしょう。東條総理大臣がいなければ、もっともっと日本の立場は悪くなっていたはずです。「この日本がずっと追い込まれてきて、なぜ戦争になったか、どういう立場に置かれていたか」ということを、あの東京裁判の東條総理大臣の供述書ほど精密に述べたものはないわけですから。そういう意味では、私は神様が東條総理大臣を、生かしたんではないかと思うんです。

高須――だからこそ広田弘毅と東條英機元首相との関係性。この人物評を逆転させていかなければならないと思うんです。それと今回の石破が文藝春秋で発表した、あの翻《ひるがえ》り方ですね。文民と武人との1つの関係性も逆転させせなければいけません。

田母神―彼はまたブログで、私が論文を書いたことが文民統制の無理解によるものだと言っているんです。バカ言うな！　と思います。

高須――だから、そこでもう1つ訊きたいのが、2007年1月号の『論座』で、「希望は戦争[※41]」という文章を書いた若者がいたんです。私はこれには相当カルチャーショックを受けたんです。今の時代は2・26事件当時の悲惨な状況とは全く違うし、こんなアメリカナイズされた甘い考え方（「希望は戦争」の文章内容）はないんですけど、今のフリーターが「希望は戦争」だと言っているんです。今の時代は裕福で身売りだってない。自分でやりたいから自分から（風俗を）やるぐらいだし、塩にぎり1個でいいのをもっといいもの食いたいと言っている。にもかかわらず、フリーターで金がないから戦争に行けば、衣食住は賄えるし、また優秀な人間が死んでいけば、今負け組と言われる人にも希望がでると言っている。「希望は戦争」というものと、田母神さんの論文とを、ある種繋げてるわけです。私は2・26事件と12月9日（真珠湾攻撃・開戦日）と、8月15日（終戦日）の1つの関係性と今回の『論座』廃刊、及びこの文章の関係性をみることによって、リベラル陣営は相当変わると思います。私も色々読ませてもらっていますけど、世間ではそこが語られてないと思うんです。「希望は戦争」というものに対して、今、妙な右翼が商売右翼が利用しようとしているようなところがあります。

田母神――私の論文と、戦争を結びつけるってことですか。

※41　**「希望は戦争」**…2007年1月号の論座（朝日新聞出版・現在休刊）の中で記事。『その悲惨さは「持つ者が何かを失う」から悲惨なのであって、「何も持っていない」私からすれば、戦争は悲惨でも何でもなく、むしろチャンスとなる』と格差社会を批判し、また「戦争することで衣食住が賄われる」などと論じたもの。この記事はネット上で論争を巻き起こした。

高須——本質は別にあるんですが、ある1つ側面で言えば、戦争が雇用を生むという。

田母神—なるほど、いや、私は全くそんなことは考えていないです。雇用のために戦争をやるとかいうことはあってはいけないことだし、そんなことはないと思います。戦争をやれば必ず誰かが死ぬわけですから、結局、それは「みんなが豊かになるために、お前たちは死んでくれ」ということですよ。そんなことはこの民主主義社会であってはいけないことだと思います。私は人の命を奪わない方法で豊かにならないと意味がないと思います。

●ニュークリア・シェアリングをするべきだ！

高須——それからもう1つ、田母神さんがさかんに言うニュークリア・シェアリング※42（核発射ボタンの共有）。その考え方を日本にあてはめたら、具体的にはどうすればよいと思いますか。

田母神—私は、非核三原則をなくして、アメリカの原子力潜水艦に海上自衛隊の隊員を乗せてもらい、毎日、ＳＬＢ潜水艦発射の核ミサイルの発射訓練をやっていく。それで、もし日本が中国やロシアから脅かされたら、（核爆弾を）撃つ権利を日本に渡してくれと

※42　**ニュークリア・シェアリング**…核兵器の発射ボタンを共有すること。現在はアメリカの核兵器をドイツ・イタリア・トルコ・オランダ・ベルギーの５カ国が共有している。

いうようにすることです。これはＮＰＴ条約（核拡散防止条約）[※43]の中でも成り立つわけです。こんなことを言うと多くの日本人は反対しますが、外交交渉のバックには軍事力があるということを日本国民は、なかなか理解していないんです。だから他国は、「あんまり理不尽なこと言うとぶん殴るぞ」という格好で外交交渉をやるわけですが、日本はどんなことがあっても言うことをきかないんなら、「俺は話し合うんだぞ」と言うんです。これでは相手がなかなか動いてくれないです。北朝鮮に対しても、外務大臣が、「日本は絶対武力行使しない国ですから」と言うでしょ。それ言ったら、北朝鮮は、日本には拉致被害者を返さなくてもいいと思うわけです。「お前、本当に返さないのか。返さないならぶん殴るぞ」ということでなければ相手は動いてくれない。軍事力の強さというものは、結局外交交渉能力の高さにつながっていくんです。核兵器というものは、これから２度と使われることはありません。あんなものは使われることのない兵器なんですよ。しかし、外交交渉のバックにあって、発言力を支えるものなんです。核兵器を持っている国と持っていない国の何が違うかというと、国際社会での発言力です。状況が切迫すればするほど、核兵器を持っている国と持っていない国との外交交渉力の差はどんどんどんどん開きますよ。天と地ほどの開きができます。ＮＰＴ条約の狙いは、いわゆる核を持っている少数の国が核クラブを作って、あとのみんなには持たせないようにしよう

※43　**ＮＰＴ条約（核拡散防止条約）**…核兵器保有国の増加を防ぐために国連で採択された条約。1970年３月発効。190ヶ国が加盟（2009年４月現在）

ということです。持ったら、あいつらは色々発言するようになるから、発言権を封じておこうというのがNPTの本当の狙いなんですよ。

高須——そういうことですね。

田母神—ところが日本は、世界が不安定になるから、核兵器を持たないと言うわけでしょう。石破さんは、きちんと議論すれば、「核兵器を持たない方がいいと言うことがわかるはずだ」と言っていますが、そんなもの分かるわけがないです。だから、世界の政治家の中で、「核兵器を持たない方が、持っているよりも安全だ」とか言っている政治家は日本の政治家以外にはいない。それは結局、核兵器を持つとか言ったら、タカ派だと思われる。リベラル、左派の人たちの選挙票が入らなくなる。そんな自己保身があって言っているんだと思います。

高須——ニュークリア・シェアリングをする上で潜水艦、一隻でいいですよね。

田母神—まあ、潜水艦で十分だと思います。今の核戦力はフランスもイギリスも潜水艦だけですからね。

高須——ですよね。

田母神—潜水艦が一番見つかりにくいから、どこから撃ってくるか分からないんです。これが絶対いいです。

高須――日本の軍需産業の能力はどのくらいですか。

田母神――高いと思いますよ。

高須――戦闘機をつくる能力はどうですか。

田母神――戦闘機をつくらせないから、つくれないだけです。今から10年かけてつくるつもりで、つくらせれば、つくれます。

高須――10年もかかりますか。

田母神――ええ。やっぱり、10年はかかりますね。

高須――開発するのに。

田母神――ええ。

高須――基礎研究はどうなんですか。

田母神――基礎研究は、まあ色々やっていますよ。今までもF2とかの研究を、ずっとやっていますから、それなりの技術レベルは維持されてると思います。

高須――本当に維持されていますか。

田母神――はい、されています。しかし普通はローテーションでしなければ、戦闘機をつくる技術が継承できないわけです。例えば、ある時期10年間途切れてしまうと、技術屋もやっぱり食わなくてはなりませんから、どっかに散ってしまうわけです。その技術者を、また集めるということは難しいんですよ。集めても、今までの技術レベルを維持しているかどうか分かりませんから。だから戦闘機とかいうものは、国が計画をして10年で1機つくったら、また次の10年で1機つくると、ローテーションを組んでやっていかなければダメだということです。アメリカはもちろん、他国はみんなそうやっています。日本だけができていないんです。やっぱり国がしっかりしていないからできないんですよ。

高須――軍需産業が、日本経済の活性の1つの要因になり得ますか。

田母神―軍需にもっとお金をかければ、私は成り得ると思います。例えば1機の戦闘機をつくるとなると、7000社ぐらい入ってきます。だからこの波及効果は凄いと思いますね。

高須――日本の希望は、メイドインジャパン戦闘機ですよね。

田母神―そうですね。最終的にはそうなりますね。

高須――平成零戦。

田母神―私もそう思います。

高須――その1点だと思うんです。

田母神―ええ。作るべきだと思いますね。

高須――そこを提案する政治家はいますか。

田母神——いないですね。だいたい、国防のことをまともに考えている政治家はいないんじゃないですか。

高須——まあ、共同開発も含めて軍需産業の果たした役割は大きいですよね。

田母神——はい。

高須——基本的にはＦ15といったらライセンス生産ですよね。私は平成零戦を、誰が提案するのかと。また、つくるのは、今ではないかなと思うんです。北朝鮮からミサイルが飛んでくる。実際問題、今の軍事力から見ても、ここ20年間、軍事増強している中国と北朝鮮の１００万人兵力と日本では、もうこれはどうしようもならないですよ。これに対応するには私は戦闘機だと思うんです。

田母神——やっぱり四方を海に囲まれているから、日本を攻めるときにはまず空軍力、そして海軍力が絶対必要なんですよ。空軍力、海軍力がなければ、大陸に何百万の陸軍があっても、海の上を歩いて来れないわけですからね。空軍力、海軍力がなければ、絶対に来れない。海で囲まれているということは、実は陸軍がずっと海岸線をはりついているのと同じ防衛効果があるわけです。

高須——だからもう、３つしかないですよね。戦闘機。

田母神——はい。

高須――潜水艦。

田母神―はい。

高須――空母。

田母神―そうですね。

高須――ヘリコプター着陸用の甲板をつくったイージス艦を空母へ転用をすることはできませんか。

田母神―今、補給艦というのが逐次できて、補給艦の甲板が長くなっています。しかしまだ200メートルぐらいで、あれが350メートルぐらいあれば、だいたい空母と同じ甲板になりますよ。

高須――それは空母建設を意識されているんですか。

田母神―それは当然、海上自衛隊は意識してやっていますよ。

高須――NPT条約、核軍縮をオバマが提唱していますが、実現は難しいと思います。核保有国また、軍事力を増強させる国々に対して、日本はどのような対策をとらないといけないと思いますか。

田母神―核については先程も言いましたが、ニュークリア・シェアリングシステムを採ったら良いと思います。そうしたらアメリカが日本から逃げられない。今は日本に有事があれば、アメリカはいつでも日本から逃げられる状態ですからね。

高須――アメリカの軍需産業の雇用状況は、やはり凄まじい数になるわけじゃないですか。

田母神―なりますね。

高須――それでどうしても在庫処分しないといけないから、様々な戦争をやるけれども、日本のハイテクと、今の技術からいって、それを提唱していく勇気あるやつはいないんですかね。

田母神―そうですねえ……。

高須――三菱とかその辺の企業と直接に話し合われたことはあるんですか。

田母神―「何とかしたいね」とは話していますよ。でもこういうことは政治決断がないとなかなかできないですね。

高須――それはどこまで進んでいるんですか。設計図までいっているとか。

田母神―それは予算があればできますよ。結局自衛隊で今研究開発費にどれだけ投入できるかが問題なんですから。予算が締め上げられていれば、現在の形を維持することで精一杯になるんです。だからバブル崩壊までは、その年の形が来年も維持できるわけです。その上に何%か乗せていくんですから、新しいことが常にできてきたわけです。そうできたのはバブル崩壊までだったんです。今はとにかく軍需費はマイナスですから、なにかを止めなければ新しいことが出来ないわけです。だから研究開発自体が犠牲になっているんですよ。

高須――やっぱり……。

田母神―しかし、こういう話をしても、なかなかまじめに考える政治家は出ないですね。バブル崩壊の頃、中国とか韓国が日本に対して「何かやるぞ」と言ったら、日本も「やれっ」と言うことができた。今はだんだん、そう言えなくなってきています。やっぱり中国、韓国は20年も努力するし、こっちがマイナスではね。

●尖閣列島に対する日本の姿勢

高須――ちょうど2000年に私は日本青年社と一緒に尖閣《せんかく》列島※44へ、漁船に乗って行ったんです。島へは政府もジャーナリストも行かないから、日本青年社の滑川という副会長が、「誰か行くやつ、いないのか」と言って、最後に白羽の矢が立ったのは私ですよ。

田母神―なるほど。

高須――カメラを2台持って、漁船に乗ったんです。尖閣（諸島）を見にいくんだったら、それに乗るしかないですから。そうしたら、海上保安庁が、何十メートルかの距離を保っ

※44　**尖閣列島**…昭和45年6月、日米間で終結された「沖縄返還協定」で日本の施政権のもとに返還されたのだが、その後、台湾の国民党政権が領土問題を表面化させた。日中平和友好条約後、一時治まっていたが、再度問題になっている。

て前後左右に4隻もついてくれたんですよ。

田母神――ええ。

高須――私はただ単に魚釣島《うおつりじま》を見たかったんだけなんですけど、「魚釣島を1センチでも中国にはあげねえぜ」という思いもありましたよ。行く時に、日本青年社が「高須君、迷彩服着てくれ」と言うので、上はTシャツに帽子被って、迷彩ズボンを穿いて行ったんです。そうしたら海上保安庁ともめましたよ。私はカメラまわしながらその模様を撮っていたんですけど、海上保安庁の課長が出てきて、「高須君！」と言うから「なんだい！」と。そうしたら「乗船拒否、出航停止命令が出ました」と言うんです。私は逮捕状みたいなものがあると思ったから、「課長！ 紙見せろ、紙見せろ！」と言っ

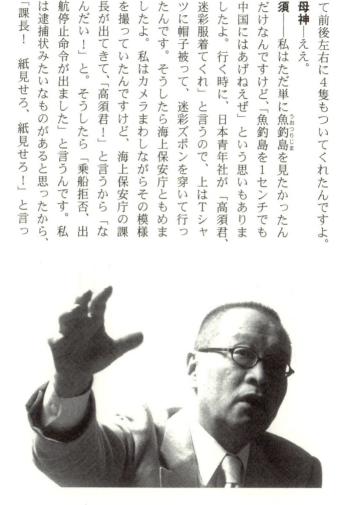

たら「出航停止命令は、口頭での命令でおしまいですから」と言われました。

田母神――そうですか。これも日本の「事なかれ主義」なんですよ。これをやったら中国が文句を言うだろうとか思って何もしない。島に行く日本人がいた方が日本の国のためになるんです。竹島だって、結局、自衛隊が警備をしないようになったから、韓国に実行支配されました。竹島だって、結局、自衛隊が警備をしないようになったから、韓国に実行支配されました。竹島だって、結局、自衛隊が警備をしないようになったから、韓国に実行支配されました。あの東シナ海の油田どうですか。あの油田も日本政府がちゃんと対応しておけば、一方的に中国が油田を作ることができないんです。ところが日本政府が腰のひけた対応したから、一方的に油田を作られてしまうでしょう。

高須――魚釣島にこだわった滑川副会長は、魚釣島に行った直後、別件の銃刀法違反で捕まってしまうくらいですから。

田母神―既成事実が一旦できてしまうと、あるいは実行支配されてしまうと、現状復帰しろと言っても、もう二度と元には戻らないですよ。だから実行支配される前に既成事実を作らせないことです。北方四島もそういう既成事実がある、竹島もそういう既成事実がある。東シナ海の油田もそういう既成事実ができてしまっているわけです。ここまでされたら、一戦交える覚悟でもなければなかなか取り戻すことは難しいですよ。尖閣諸島も、２００８年の12月８日に９時間半に渡って領海を侵害されましたよね。

高須――やられましたね。

田母神――9時間半というのは明らかに意図的なんです。船だから間違って30分や1時間ということはあり得ますけど、このような明らかに意図的な侵害に対しては日本政府が厳重に抗議しないと絶対にダメです。そして国際法に基づいてちゃんと対応すれば、日本政府が「出ていけ！」と言って、出ていかなかったら、結局、攻撃されてもしょうがないわけですから。攻撃をされれば、あんなことはやらないですよ。攻撃をされないのを分かっているからやるんです。あんなもの1度沈めたら、2度と来ないんですから、沈めればいい。

高須――そうです。北朝鮮の問題も、尖閣も、それから北方四島も、全部同じなんですよね。

田母神――結局、国の指導者が軍を動かしても、日本の国益を守るという覚悟があるかどうかです。取られちゃったらしょうがないぐらいの気持ちで思っているんだったら、これは総理大臣の責任を果たしてないことだ！

高須――中国が魚釣島に来たから、漁船に乗って文句を言いに行くと言っているのに、海上保安庁は日本人の私を止めるんです。

田母神――日本の海上保安庁の船が、日本人が尖閣諸島に行かないように阻止するとは、そんなバカなことあるかと！

高須――それも4隻で守って、100キロの手前でバッと止められて、「停船命令だ」と言うんです。どんな理由だと思いますか？ 「海が荒れてます」って（笑）。……、笑っちゃいましたよ。そんな状況なんですよ、弱腰です。

田母神―弱腰。結局、責任感がありませんよ。まあ、総理大臣もなるようになったらしようがないと思っているわけです。だからもう、とにかく自分の命を張っても、この国を守るという覚悟があるかどうかですよ。

高須――1センチたりとも領土を渡さないぞ！ という感覚が。

田母神―ないんですよ。

高須――ないんです。政府もジャーナリストもしないのに、なんで私がこんなことをやらないといけないんだと思いましたよ、本当に。天下の朝日新聞も乗って来ないし、ジャーナリストだったら、乗って来いよと思いますよ。

田母神―本当は国がやることなんです。日本は、自分が絶対安全圏にいられる時しか、攻撃しないんですよ。北朝鮮のミサイルがくるって、日本でワーワー騒いでいたでしょう。あれは北朝鮮が攻撃しても、日本は絶対に安全だからですよ。中国とかロシアだってミサイルを撃つし、アメリカだって韓国だって台湾だってみんなミサイルを撃つんです。北朝鮮のときだけ大騒ぎする。結局、アメリカは、ミサイルに対する防衛体制を日本に強化させたいという狙いがあるんです。ミサイル防衛体制にお金をかければかけるほど、金が攻撃用軍備にまわらないから、本来軍事力として持つべき戦うための攻撃力を持てないわけです。たぶんアメリカはそれを狙っているんです。日本が自ら攻撃力を持つようになると自立するから、だめだと。自立させないで、守ってやるという格好にするわけです。守ってやるから日本にいてやっているんだと言い、今はサブプライム問題で金に困っているから、金出せと言うことになってくるわけですよ。それはアメリカの戦略ですよ。

●若い自衛隊の姿と教育方針

高須――自衛隊の新規雇用はどういう状況になっていますか。

田母神――新規雇用人数は予算上決められているんです。隊員の数はいくらまでなら予算で賄えるのか、それに基づいて採用しています。自衛隊の採用は簡単に言うと、景気が良くなると求人しにくいし、景気が悪くなると求人はし易くなるんです。

高須――質はどうですか？

田母神――質は今みたいに景気が悪くなると上がります。景気が良くなれば質は下がります。

結局、日本は他国が軍を増強するからこっちもするというのではなく、結局国家予算の都合で、防衛費をかけているというだけなんです。これは、バブル崩壊前も崩壊後も同じです。だからバブル崩壊までは日本はずっと高度経済成長を続けてきたから、それに伴って防衛の予算も伸びてきたわけです。伸びていたから、冷戦崩壊のあたりで、日本の物理的な戦力っていうのは、中国とか韓国とかその辺の国を相手にしないぐらいのものになっていたんですね。20年前ですよ。ところがこの20年近く、中国がどんどん軍事費を伸ばすし、韓国も2001年ぐらいからどんどん伸ばしているのに、日本だけがマイナスですよ。防衛費はGNPの1％と昔は言われていましたが、今は0・8％になっています。ですから、今はなかなか新しい兵器を揃えた自衛隊の形が整わず、強い状態にするというのは難しくなっています。私は国際社会というものは、金持ちが貧乏人よりも強い力を持っていないと、安定しないと思っているんです。貧乏人が金持ちよりも腕力が強くなると、必ず腕力で取りに行くんです。だから、国際社会の安定のためには、経済力に応じた軍事力を持つ必要があると思います。これが国際社会の安定のための、まず第一の責任だと思っていますよ。そういう意味では、やはり日本はもう少し防衛に金をかけるべきだと思いますね。

高須——それでは最後に訊きたいのですが、今の自衛隊気質というのはどうなんですか。

モラルも含めて、どういう状況になっているんですか。

田母神――自衛隊のモラルは維持されているし、意識は高いと思いますよ。我が国の組織の中では、自衛隊のモラルが最も高いと思います。自衛隊では、自分のためではなく、国家や国民のために頑張るんだという教育が繰り返しなされていますから、みんなそう考えていますよ。少なくとも一応、武士道精神みたいなものは持っていると思いますね。

高須――15歳で入隊する子、18歳で入隊する子、22歳で入隊する子、防衛大学も含めて入隊する割合で言えば、どのようになっていますか。

田母神――航空自衛隊や海上自衛隊だと幹部はだいたい2割弱ですね。

高須――2割弱。オフィサーはどうですか。

田母神――8割が下士官兵と。陸上自衛隊はたぶん9対1ぐらいなんじゃないですか。

高須――9対1。

田母神――たぶん1割ぐらいなんじゃないですかね。

高須――15歳で入ってくる子っていうのはどれくらいいますか。

田母神――少ないんですけど生徒隊というのがあるんです。

高須――少ないですか。

田母神――ええ、でもなかなか立派です。

高須――日本の若者たちについてはどのようなお考えですか。

田母神―まあやはり、自衛隊そのものが社会の縮図ですから、日本社会の若者の意識と同じ者が自衛隊に入ってくるわけです。ただ、自衛隊で教育をされるから、だんだんモラルが高くなります。警察庁の発表の犯罪率でみると、日本はだいたい1000人中20人ぐらい犯罪を起こす。少ない年でも17名とかですね。去年、私が航空自衛隊を調べたら、過去5年で1000分の1・5とか2・0ですよ。犯罪を起こす率が、一般社会の10分の1、15分の1ですよ。自衛隊が別に何の教育もしていなければ、社会の確率と一緒なんです。自衛隊に入って教育をされるから、犯罪率が低くなっていくわけです。自衛隊では、いわゆる昔ながらの日本教育を行っているんです。昔から教育は強制から始まるわけですよ。「とにかくやれ」「こういうふうにやれ」「つべこべ言うな」「それが出来るようになってから、後で自分のやり方考えろ」という方針です。今みたいに、価値観が多様化しているから、子供の様々な考え方を許容できるような教育をしましょうとか言っていたら、教育にならないと思います。戦後の子供の教育が乱れたり、学校の統制がきかなくなったりするのは、先生方がちょっと甘ったるいだけと思いますよ。

高須――強制から……。

田母神―強制することが悪く、あるがままの子供の状態が良いんだという風潮がありますが、あるがままの状態が良いなんて言っていたら教育になりませんよ。人間だって動物なんですから、あるがままで良いなんて言っていたら利己主義の固まりになってしまいます。今の大人が教育の多様化とか言って誤魔化すのは、自分が教育できないだけなんです。これではやっぱり教育として成り立たないと思います。自衛隊ではよく『守・破・理』と言いますが、まず、人から言われたことをしっかり守って、それが出来るようになったら、「自分でもっといいやり方はないか」、試行錯誤しながら考える段階です。最後は自分流にしていくと言うことです。とりあえず最初は「やれ」と言われたことをできるようにするということですよね。

高須――これは今の教育とは全く逆ですよね。

田母神――だから今、「日本の教育を直すためにどうしたらいいか」と訊かれれば、自衛隊と同じことをやればいいと言うんです。すぐ直りますよ。実際に高校生で頭半分剃り込んで、髪を真っ赤に染めたような若者が入ってきても、3ヶ月もすればビシッとした、まともな社会人になります。それはまず挨拶の仕方から、歩き方から、話し方から、もう徹底的に直されるわけですから。だいたい、親がびっくりしますよ。もう全くダメで、もう言うこともきかなかったうちの息子が「こんなに礼儀正しく変わりましたか」と言われます。

戦後占領軍によって、日本の教育が全部なくされてしまいましたけれど、戦前の教育勅語とか修身というものが重要だと思いますね。戦後政策で言われるように、あれが全く間違っているものだとは思えないです。今、アメリカの教育で一番使われているのが、日本の教育勅語※45です。日本人が作ったものが英訳されて、今アメリカでは聖書の次が日本の教育勅語ですよ。教育勅語という名前はついていないけれども、日本の教育勅語とほとんど同じです。それがアメリカで使われているわけです。でも本家本元の日本でそれをやらないわけだから、おかしな話です。

高須――本当ですね。これからの若者の先を考えると、まだまだ私たちが奮起しないといけませんね。私は防衛庁へ突入しました。前科という血を流しました。魚釣島にも行きました。右翼団体と行ったので様々なメディアからバッシングを受けました。でも魚釣島に行くには彼らと一緒に行くしかなかったんです。田母神さんも、自衛隊のトップから引きずりおろされ、血を流した。私はこれからも、体を張って、血を流すことはいとわない。親父の年になったので、背中より行動と、口動で懲りずに飽きずにやりますよ。若者よ、「希望は戦争」なんて言わないで、「希望は高須と田母神さんが流す赤い血だ」そんな思いで見て欲しいですね。

田母神――そうですね。

※45　**教育勅語**…明治23年10月30日発布から戦後の教育改革まで教育理念として日本に根付いた教育指針。

高須——本日は、大変ありがとうございました。

大物右翼の「尖閣問題」解決論

日本青年社・滑川裕二顧問の所懐

政府の対応やビデオ流出問題のごたごたなどから、国民の不満、不信感が募る尖閣諸島沖の中国漁船衝突事件。これに対しては、これまでおとなしかったメディアや国民の中にも、愛国心むき出しの論陣を張る向きが多い。いわく「尖閣諸島は、間違いなく日本の領土」「中国は盗人たけだけしい」などなど。

だが、そうした国民の声を代弁するような行動を、30年以上前から取ってきた政治結社があった。日本最大の右翼団体ともいわれる日本青年社である。

そのコワモテなイメージからか、今回の尖閣問題を受けて、日本青年社の活動や考えを報じるメディアは少なかった。だが、同団体は尖閣諸島の領有権を守るべく、1978年に魚釣島に灯台を建設。2005年、これを小泉内閣の要請で国家に移譲している。さらに、今回の事件後にも魚釣島に上陸し、その領有権が日本にあることを内外にアピールしようとするなど（結局は国の制止により中止に）、ラディカルな行動が注目されてきた。

実は、高須も、彼らと共に04年に2度、魚釣島上陸を試みている（1度目は国の圧力により断念、2度目は天候不良により着岸できず）。そのときも指揮を執っていたのが、当時の日本青年社副会長であり、現在は同顧問を務める滑川裕二氏だ。滑川氏は神主でもあり、全国の神社からなる政治結社・清流社を率いる立場でもある。

高須氏は言う。「今、滑川氏に話を聞かずしてどうする。氏は民族派の活動家として、神主として、尖閣問題に対する独自の解決法を論じているぞ」

日本の未来を占う論点である尖閣問題を考える材料として、今あえて、身を削って尖閣の地を守ろうとしてきた男の話を聞いてみよう。高須氏に導かれ、滑川氏の元を訪ねた──。

江森康之／写真

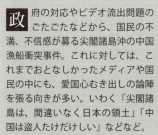

高須——滑川さん、本日は今頃になって尖閣問題の重要性を認識しだした日本人たちに、憂国の士たる日本青年社としての考えをバシッと教えてやってほしいんです。

滑川——こういう機会を設けていただけるのはありがたい。ただ、最近は日本青年社の一員というよりも、清流社代表という神主としての立場での活動が多いので、そこも併せて聞いていただきたいですね。

高須——わかりました。まず、問題の前提から振りかえっておきましょう。尖閣諸島は、明治時代に日本領に編入され、日本人が住み、鰹節工場などを営んでいました。1940年に燃料不足で事業撤退してからは無人島になりましたが、68年、国連機関の調査で周辺海域に推定4億トンの石油資源があることが明らかになると、それまで無関心だった中国と台湾が領有権を主張。78年には、中国の武装漁船が100隻以上、5日間にわたって同海域に居座る事件が発生しました。この事態に日本政府は危機感を持ったものの、中国を恐れて何も体策をとらなかった。そこで、日本青年社は両国政府に抗議する意味もあり、魚釣島に灯台を建設したという経緯があります。その中で、滑川さんは尖閣諸島の鎮護と船舶の安全を願い、00年に尖閣神社を建立されました。

滑川——神社をつくったということはあまり知られていないですね。

高須――滑川さんは尖閣神社だけではなく、太平洋戦争の中、パラオ諸島で戦死した英霊を祀るため、現地に神社を創建しています。なぜ神社なんですか？

滑川――日本人は太古から神社をつくり、お祭りをすることで団結してきました。神社には日本人の生きざまの原型が残っています。例えば、御神輿はもともと軍隊の教練なんです。みんなでひとつの御神輿を担ぎ、そこに和ができるから「わっしょい」と言う。尖閣にも神社があれば、お祭りを開き、日本人が参拝に来ることができます。領土問題がどうだこうだと語ると摩擦が起きるけれど、神社にお参りに行くということであれば誰も止めることができません。それが長い間続けば、結果として実効支配となるわけです。私は尖閣神社の神主として、領土問題をめぐる争いがなくなるよう祈っています。

高須――なるほど。右も左もない。「神社」が日本人団結のキーワードになる。

滑川――しかし、尖閣神社は04年、不法上陸した中国人により、神殿や社号標は破壊され、ご神体である伊勢神宮の神札は焼却されました。めちゃくちゃです。イスラム教の国でモスクが壊されたとなったら、戦争になるくらい大変なことですよ。中国だって、さまざまな形で国民が信仰する宗教への弾圧があった。だけど、宗教というものは滅びることがない、どんな権力よりも強いものなんです。尖閣にも日本人が暮らし、神道が息づいていた。そしてこれからも息づかせていかなければならない。それはなんぴとにも不可侵なものです。日本人は、神道への信仰心をもっと国際的に打ち出して、中国をはじめ、外国からの理解を得るべきです。

高須――まさに日本は神に守られているということだし、戦略的に神道を使ってみてもいいということですね。ところで、神社破壊に関し、滑川さんは沖縄県警に被害届を出しましたが、その後、当局はどう対応していますか?

滑川――受理してそのままです。一応、今でも捜査中ということになっていますが、「なんにもしてないじゃないか」と文句をつけたところで、どうなるものでもない。被害届を出した理由は、「尖閣に神社があり、中国人に壊された」という事実の裏付けのため。これが当局に正式に受理され、公文書が残っているということは、尖閣諸島に日本の主権が及んでいる証拠となります。

高須――破壊された神社は、今後どうなるんですか?

滑川――壊された残骸は、海上保安庁が全部集めてくれました。再建立しようにも、現状では尖閣諸島に上陸できないので、石垣島の知人に預けてあります。尖閣諸島はある実業家の私有地で、その土地を総務省が借り上げていることになっているので、無断で上陸すると軽犯罪法違反となるんです。まあ、そうやって脅すだけで実際には逮捕などしないし、私らは別にされてもいいんだけども、島まで連れて行ってくれる漁船の船主が漁業免許を剥奪されて迷惑をかける可能性がありますから、無理はできない。すでに、尖閣諸島が属する石垣島に自費で約２０００坪の土地を購入してあるので、近々そこに再建立しようかと思っています。

高須――私財を投じて石垣島に、尖閣神社を建てるということですね。

滑川――そうです。そこで毎年お祭りを開き、尖閣の歴史などを講義しながら支持者を増やしていく。そして、いつかまた魚釣島に帰れますようにと祈る。今の状況じゃ、何を言ったってなんとかの遠吠えとしか聞いてくれませんから。私ら神主が現実にできることは、神道を通して、日本の精神、文化を維持していくこと。今すぐ私らの代で領土問題を解決しようと思っていません。

高須――それはあきらめとは違いますよね。

滑川――役割分担です。政治的、経済的に領土問題を解決しようとする動きがあってもいい。ただそれは、そうしたことが得意な人がやればいい。私は自分のできる範囲のことを全うする。そういう人が集まって、初めてひとつの国なんです。おこがましく「俺が国を動かす」なんて言いません。ただ、神社を通して年に一度でも尖閣に国民の目を向けることができれば、政府や国民の緊張感はずっと続いていくでしょう。その灯を消さない。消さずにいれば、いつか「時期」が来ると思っています。その時期になれば、尖閣諸島は誰からも文句のつけようがない日本の領土になるはずです。

●海保にもいる憂国の士　国会議員は口ばかり

高須——日本青年社では、今回の中国漁船との衝突事件に当たって、10～20隻以上の漁船をチャーターし、東シナ海域で海上行動を計画していました。しかし、海上保安庁が認めてくれず阻止されてしまいました。今は強硬な手段はまったく考えられないですか？

滑川——今は難しいでしょうね。かつて私らが向こうに行っていたときは、しょっちゅう海保の人たちと飲んだり食ったりしてたんですけど、彼らは我々よりも右翼、憂国の士だった。「オレたちは体を張って守っている。（日本青年社の）上陸も許したいけれど、上がうるさいからどうにもできない。地団駄踏む思いだ」と、いつも言ってます。我々が変なことをやって、彼らが責任を取らされたらかわいそうだしね。先日の衝突事故でも、映像はまだ出ていないけど、海上保安官が海に落ち、ひき殺されそうになったといわれている。
　そんなことが起きているのに、映像流出で海保の責任がどうのと問題になる。こういう状態が長く続くと、「もう適当にやってりゃいいんじゃないの」と、現場で領土を守ってくれている人たちの士気をそがれてしまいますよね。
高須――私が一緒に行ったときも、海保ともめるような雰囲気になりましたが、基本的には身を引いてましたね。魚釣島に尖閣神社を建立した当時も、国は何も言わなかったということですか？
滑川――当時は何も言いませんでした。黙認です。神社を建ててからも壊されるまで毎年お祭りを奉仕していましたが、海上保安庁も船の上から写真を撮って見ていまし

落ち着いた語り口で、尖閣における領土問題だけではなく、日本人としての誇りや団結心の脆弱化を憂う、滑川氏（右）と高須氏（左）。

た。だが、高須さんと行ったときもそうでしたが、ストップをかけてくるときもある。あのときは、直前に中国人が不法上陸したときで、対中関係が緊迫してきた。そのときの政権や政治状況によって、対応は違うんですよ。

高須——国会議員はどうですか？　支持する人もいるんじゃないですか？

滑川——いろいろ議員の知り合いはいるけど、口では「いいね」と賛同しても、実行に移した人は誰一人いないですね。

高須——日本青年社では、「領土を守ることは国と国民の最重要課題である」としています。尖閣に限らず、日本の海域は資源の宝庫であり、日本を支える原動力になる、と。にもかかわらず、政府や国民は、領土問題に対して関心が薄い。でも、今回尖閣問題が起きたことで、国民の意識は少しは高まったと思うんですが、どうですか？

滑川——日本青年社の機関誌の部数は、かなり増えたんじゃないかな（笑）。今まで「右翼って何をやってるんだ？」みたいな感じでいたけど、領土は実効支配しなければ、韓国に実質的に奪われた竹島みたいになってしまうということに、みんなやっと気づいた。領土を守るには、はっきりと主張し、実際に行動に移すことが大事なんです。

高須——政府に対してはどうですか？　中国の挑発はエスカレートしていくんじゃないでしょうか。

滑川——かつてオウム真理教は人口２０００人弱のある村の土地を買い、数百人の信者の住民票をそこに移そうとしたことがありました。小さな村なので、それだけの数が入れば、村議会でも実権が握れる。もちろん、住民からは猛反発が起きた。私は、中国もそういう戦略をしてるんじゃないかと思うんですね。昔は戦争をして領土を取っていたけれど、これからは人を流入させ、カネと選挙で乗っ取ると。佐渡島や北海道は、中国人にかなり土地が買われています。その上、参政権まで与えたら、自分の国だと思っていたところが、いつの間にか外国人に支配されていたという状況になるのも架空の話ではありません。日本は領土に対する考え方が悠長で、法整備が遅れています。この点に関しては啓蒙していく必要があると思います。

高須——神社での活動を通して、若い世代に問題意識を持ってもらえるという期待はありますか？

滑川——あります。例えば、今の人は、御神輿にどんな意味があるか知らないでやってますよね。その意味がわかるようになれば、神社の存在意義や中国人に破壊されたことがどういうことなのか、理解できるようになる。戦後の学校教育では、そういった我々の先祖が培ってきたことを教えなさすぎた。私ら神主が、日本の精神を継承して伝えていけば、外国に対してももう少し強く意見を言えるようになると思います。

高須——こういうソフトな考え方を、最もハードであった日本青年社の滑川さんが言うということに、ものすごい意味があるように思います。魚釣島に乗り込むのも必要かもしれないけど、その前にやることがある。それは日本人としての誇りを取り戻すこと。そのことを、滑川裕二という強烈な存在が説く。国民はもはや「自分たちとは異なる世界の、右翼が言っていること」と切り捨てることはできないでしょう。自国の土地や文化、宗教などを守ることの大事さを、尖閣問題は日本人に突きつけたんじゃないでしょうか？

『サイゾー』二〇一一年一月号掲載

滑川裕二（なめかわ・ゆうじ）
1951年、茨城県常陸太田市生まれ。國學院大學神道科卒業。2000年から、日本青年社の副会長を10年間務め、今年4月、顧問に就任。NPO南洋交流協会会長として、第二次大戦の戦地・パラオにおける日本兵の遺骨収集活動に、30年間注力している。現在は、八丈神社、堺神社、南洋神社、尖閣神社の宮司を務める。

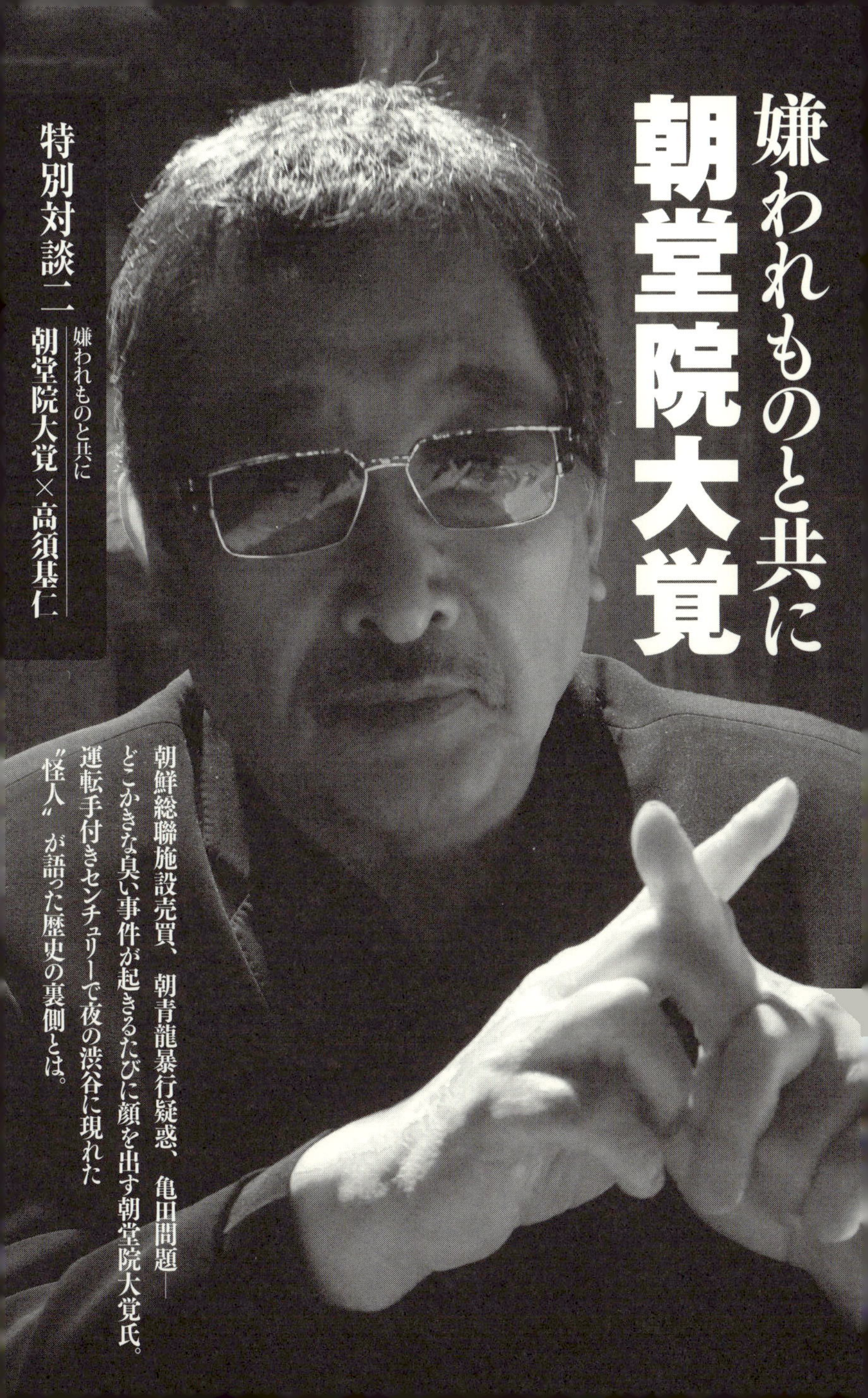

特別対談二

嫌われものと共に
朝堂院大覚×高須基仁

嫌われものと共に
朝堂院大覚

朝鮮総聯施設売買、朝青龍暴行疑惑、亀田問題——
どこかきな臭い事件が起きるたびに顔を出す朝堂院大覚氏。
運転手付きセンチュリーで夜の渋谷に現れた
〝怪人〟が語った歴史の裏側とは。

高須――ある人の名前をメディアで口に出すと突然、怪しくなる。そんな人は少なくなりましたが、朝堂院大覚さんは、そんな一人であることは間違いないでしょう。最近は朝堂院さんについて作家の溝口敦さんが自伝の連載を書き始めましたね。

朝堂院――以前は大下英治さんが、という話もあったけど、溝口さんが書くことになったよ。

●朝青龍と亀田の問題

高須――朝青龍《あさしょうりゅう》引退の引き金になった暴行事件でも朝堂院さんの名前が出ていましたね。

朝堂院――まず、その前にですね、そもそも相撲は国技でもなんでもないからね。興行であって武道でもない。マッカーサーは武道禁止令を出したが、相撲は興行だから禁止されなかったくらいだ。それで私は国技基本法を制定しようと動いているんです。

高須――そこで朝青龍でしょう。

朝堂院――もともと私は人付き合いが嫌いなんです。パーティーなどにも行かない。ただ私は相撲も入っている武道連盟をやっていますし、弁護士の政治団体もやっている。その関係で朝青龍側の知人に頼まれて麻布署にも行きました。行ってみると、殴られたというKは被害届も出していないし、麻布署には診断書もなかった。Kは診断書を見せただけで持って帰ってしまった。麻布署は調書もとっていない。具体的な事実を証明するものは何一つない。ですから横綱審議委員会に対してこれは問題になるほどの事実はないと言う予定だった。ところが、はっきり言って高砂親方が消極的だった。朝青龍を守ろうという気持ちが薄かったんです。親方は朝青龍に示談してきたら何とかしてやる、示談しなければ解雇だと脅かすだけだった。相撲協会もそうだ。メディアも朝青龍がカネをとられるように宣伝した。だから朝青龍は無理してカネをつくって示談にした。そうしたら、横綱審議委員会から引退勧告が出て、相撲協会も辞めろとなってしまった。高砂親方も朝青龍に往生していたわけですよ。朝青龍からすれば何がなんだかわからなかったでしょう。

高須——なるほど。亀田問題でも朝堂院さんの名前が聞こえてきましたよ。亀田も朝青

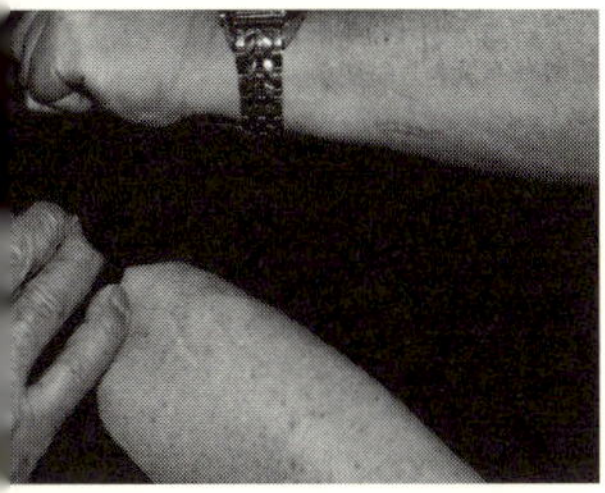

亀田いじめをわしは絶対に許さない

龍と同じように嫌われ者だった。

朝堂院　内藤大助と亀田大毅《だいき》の一戦で、大毅は出場停止、オヤジの史郎はセコンド資格が無期限停止処分になった（注）。業界団体である日本プロボクシング協会が第三者機関である日本ボクシングコミッションに、亀田親子を処分するように頼んだわけだ。この問題の背後には、元の所属ジムである協栄ジムの亀田親子へのファイトマネー未払い問題があるわけです。本来はコミッションはファイトマネーをジム側に払わせるようにする義務があるのに、当時のコミッショナーの本田明彦（帝拳プロモーション代表）と斉藤慎一専務理事が仕組んだ。協栄ジムの金平側は亀田が協栄ジムを辞めた際の移籍金としてチャラにしようとしているが、そんなことで相殺される金額ではない。今も民事裁判をしていますよ。

さらに三男の和毅《ともき》はメキシコでライセンスをとって、日本で試合をすることになったが、本田がだめだと言い出した。今度は興毅《こうき》がWBO王者と試合をしようと考えた。日本プロボクシング協会がWBOの試合許可は出さないとなった。それで海外でやると言ったら、亀田ジムの資格を取り消すと言われた。そのくせ世界チャンピオンの長谷川穂積のWBO戦は認めた。そうやって亀田いじめをしてきたわけですよ。それでわしはこれを絶対に許さないと言っている。

（注）2010年4月13日、亀田史郎氏のプロ活動資格は永久剥奪された。

高須――相撲と構図が一緒だ。亀田が憎くてしょうがない。

朝堂院―帝拳の本田が悪い。本田がジョー小泉と一緒になって世界戦を自分らの利権にしてきた。マッチメイクは本田がやるが、亀田ジムは自分でやってしまう。だから潰《つぶ》されるんです。

●後藤田に嫌われた亀井

高須――日本の近代史でお聞きしたいんですが、総理大臣でこれはいい、これは悪いというのはどのような人がいますか。

朝堂院―広田弘毅《こうき》の生き様については納得しますね。そのほかは吉田茂、緒方竹虎とかですね。

高須――だめだという人物は。

朝堂院―児玉誉士夫、笹川良一、岸信介、佐藤栄作ですね。これは米国の傀儡《かいらい》政権、犬だから。ＧＨＱ（連合国軍最高司令官総司令部）の使い走りをして出世した人たち。政治の場で金儲けを始めからたくらむ点が卑《いや》しい。中曽根康弘だって児玉誉士夫に弟子入りしたんだから売国奴だ。渡邉恒雄も山中貞則も同じよ。

一番悪い政治家は拝金主義の亀井静香だよ

まあ一番悪い政治家はね、亀井静香（郵政民営化担当相）です。四一歳で亀井が警察を辞めたときは退職金を一五〇〇万円くらいしかもらっていなかった。それが家族に会社をいくつもやらせて、今や莫大な資産形成をしている。警察は利権のかたまりですから。警察天下りのいるパチンコ検査の保通協（財団法人保安電子通信技術協会）だって、莫大な検査料を得ているし。

高須――総裁も五〇〇億円もの資産があるとか。

朝堂院――それは昔の話。オリックスの宮内義彦やソフトバンクの孫正義ならば企業家だからわかる。しかし亀井や小沢一郎は政治家なのに、なぜあんなに資産を築けたのか。それが卑しいのですよ。だから後藤田正晴は同じ警察官僚の後輩である亀井をあれほど嫌ったわけですよ。

亀井は今の住友精化で働いていたんです。政治家になるために警察官僚になった。そして四一歳のときに衆議院選挙に出ようと思い、同僚のTを秘書にした。Tは一時期わしが面倒をみていました。すでにわしは後藤田と懇意だったんだが、後藤田は「亀井は筋が悪い」と立候補に反対していた。しかし、わしは後藤田に内緒で証券会社に協力させたり後援会を作ったりした。一九七九年の当選後には、とぼけて後藤田に「亀井という男が当選しましたね。一度挨拶させますか」と聞いたら、「いらない」と。

非常に冷たい態度だった。

しかし、亀井が「なんとか後藤田天皇に会わせてほしい」と何回も頼む。そこで後藤田と週一回食事をしていたホテルニューオータニ向かいの「ふくでん」に亀井をこっそり呼んだ。当時、わしはPLO（パレスチナ解放機構）のアラファト議長と親しかったから、後藤田はアラブなどの海外情報をわしから聞きたかったのでしょう。そこで「後藤田さん、今日はちょっと人を呼んだけど」と亀井を別室に待たせて、直前に「実は亀井静香です」と言ったら後藤田はうーんとうなってね。それでも中に入れて後藤田の目の前に座らせたんです。亀井はぴたっと正座して頭を下げた。後藤田は一言も発しなかったね。以来、後藤田は亀井と会っていないと思いますよ。それほど後藤田は亀井を嫌っていた。

二〇〇三年に自民党総裁選で小泉純一郎と亀井が争ったが、最初は亀井が有利だった。そのときも後藤田に頼まれて、亀井の許永中スキャンダルなどを自民党支部にばらまいて潰した。この後、小泉がえらいのは亀井を徹底的に突き放したところですよ。鳩山由紀夫は小沢一郎と亀井を登用しているでしょう。

高須——後藤田さんは、なぜ亀井さんを筋が悪いと言ったんでしょうかね。獣道《けものみち》ですか。

朝堂院——そうですよ。外道《げどう》です。後藤田はどれほど亀井の汚い部分を知っていたのか。

ただ亀井の味方をすれば、苦労した生い立ちに原因もあるんでしょう。小学校へは三時間歩かなければならない場所に住んで。亀井兄弟は頭脳は優秀だよ。兄貴の亀井郁夫（参議院議員）は経済界に相当の人脈をもっている。郁夫は旭化成工業の総務部長を務めていた。ここはグループのマスコミ対策の幹事社。郁夫はそのヘッドだったわけで、宮崎輝《かがやき》社長が支えていた。その後ろ盾もあって、亀井は議員になり、警察は亀井に予算の陳情をしなければならなくもなった。

高須――やはり、独立独歩な人が好きですか。

朝堂院――自分の考えで生きている人は魅力が違う。田中角栄と福田赳夫と比べても人間の厚みが全然違う。いろいろあるけど、田中は重いんだよ。死にたいほどの悲しみを感じたことのある人間の重みとではね、風船と鉄の弾の重さの違いですよ。石原慎太郎は古い付き合いだけど、芥川賞をとった二三歳が人生のピーク。政治家として死んで名は残さないだろう。東京都のためには何もなっていない。そういう意味ではどん底からはい上がってきた亀井は鉄の重みはある。

●小池百合子を匿《かくま》って

高須——もう一つ。小物になりますが、小池百合子も朝堂院さんが面倒を見ていたそうですね。

朝堂院—昔、小池勇二郎という小池百合子の父親が企業家だったんだけど、関西電力の芦原義重会長の秘書のようなことをしていて顔がきいたわけ。それでエジプトとリビアの油を関電に売っていた。勇二郎は威張っていたね。芦屋に家を構えるまでになっていたんだが、衆議院選挙に立候補して落選、会社も倒産してしまった。弱り目に祟《たた》り目で関電からも関係を切られた。倒産したら手形も相当出回り、ヤクザも入るわけ。それでわしが頼まれて整理した。親子共々東京に連れてきて二年間ほど匿って、カイロに連れて行ってレストランを作ってやったわけですよ。店の名前はナニワ。わしが経営していた浪速冷蔵機工業（ナミレイ）から名付けた。百合子はカイロ大学に行っていてね。しばらくうちの事務所にいたんだけどね。日本で竹村健一のテレビ番組のアシスタントをやるようになり、どんどん人気が出てえらくなりよった。

●「ソチ五輪」騒ぎ

編集部—さきほどパーティーには行かないとおっしゃっていたのですが、私、千年の杜（現・東邦グローバルアソシエイツ）のパーティーを取材に行き、そこで朝堂院さんをお見かけしたと思うのですが。

朝堂院—行ってない。パーティーには行かない主義だから。

編集部—間違いないと思うんですけどね……。あれは二〇一四年にロシアで開催されるソチ五輪に合わせて巨大なリゾートの建設計画を千年の杜が手がけるということで、同社の株価が急騰、暴落するという二〇〇八年の代表的な投機話だったわけですが、日本側の窓口は朝堂院さんでしたよね。

朝堂院—あれはね、私のところに山本タケオという男がいて、ロシアの利権を色々やっておりましてね。ダイヤモンドとか銅の輸入をしていてロシアに人脈があったんです。その人脈の中でロシア運輸副大臣をやっていたプーチンの側近がソチ五輪の担当大臣になるという話があって、五輪会場予定地に人工島を作って三六〇〇室のホテルを作るという話が舞い込んできたわけです。山本がそれを誰かに言ったら久間《きゅうま》（章《ふみ》生《お》・元防衛相）が出てきて、おれにもやらせろとなり、設計事務所は久米設計に決めて、千年の杜を元請けにするというスキームを組んだ。

わしは山本に「千年の杜の前身は不良会社だ。そんなことができるわけない」と言ったら、裏でワールド（衣服メーカー）の畑崎広敏が二〇〇〇億円出すと。Sという畑崎の女も出てきた。山本とSが組み、千年の杜の社長もロシアに行き、どんどん話が進んだ。そうしたら畑崎が逃げてしまった。それで久間の秘書の駒栄《こまえ》博志を追及していたところ、公認会計士の中澤秀夫（二〇〇九年逮捕）が出てきて、カネを出すとか出さないとか揉めて。その頃に盛大なパーティーがあって株価が高騰した。その辺までは本当に実現するのではないかと思っていた。しかしSと駒栄が喧嘩になり、暴力団が出てきてSが追い込まれ、会社の主導権争いが起きてと、ぐちゃぐちゃになったんです。

その寸前に、もう一度株価を上げようと久間とプーチンが会うセッティングを狙った。Sと久間が三五〇〇万円もする豪華ジェットをサウジアラビアから前金でチャーターし、久間の子分の国会議員とSと日本テレビと三〇人でソチまで直行しようとしたんです。しかし、成田にいる日テレの記者からわしに連絡があって「飛行機が来ません」と。急いで関西空港に移動したが飛行機は来ない。詐欺《さぎ》だった。慌《あわ》ててアエロフロートでモスクワに着いたけど三日遅れで、プーチンには会えなかった。

高須――日テレが同行した目的はなんだったんですか。

朝堂院――プーチンを撮りたかった。しかし、その騒動の最中に久間の携帯電話に秋山直紀から電話がかかってきて。金はどうなっているんだとか話していたら、ばっちり日テレに撮られていた。それで秋山は逮捕されるわけですよ。結局、ロシア側も動かなくなりダメになった。

高須――笑っちゃうな。事件の裏側ってのは漫画ですね。

『週刊金曜日』二〇一〇年五月二八日号掲載

朝堂院大覚（ちょうどういん・だいかく）

本名、松浦良右。武道総本庁総裁。ナミレイ（浪速冷蔵機工業）の社長だったが、業務提携を強要したとして刑事事件になる。以後も、オウム真理教（現アレフ）、朝鮮総聯本部売却事件、六本木のＴＳＫＣＣＣターミナルビルなどにおいて〝黒幕〟として名前が取り沙汰された。

終りに

「紅一点」という言葉がある。

普段は、一人の女性が多くの男性の中に混じっている状況を示す言葉として使われる。本来は緑の葉の中に〝一輪の赤い花〟が咲いている状態を言ったものだ。

眼にやさしい緑色の中に、強烈な色彩でポツンと咲く「赤い女性」とは、どんな種類の花なのか？　と常々疑問に思っていた。

冬であれば椿の赤を想起していたし、薔薇の季節が来れば赤い薔薇をイメージした。そして牡丹の濃厚な真紅色にも〝花一輪〟を重ね合わせもした。昨年6月中旬、故郷・静岡県掛川市に帰省した時、久しく訪れずにいたことがなかった「文化村」を40余数年ぶりにそぞろ歩きした。

旧掛川市内に神明町に残る〝文化村〟とは、私の子供の頃に、多少の尊敬と畏敬の念を込めて人々が言っていた俗称の地名で、多くの掛川の教育に関わる新旧教育者達が住んでいた。小高い丘に向かう小道の両側に建つ〝文化村〟の住居からは昭和40年代頃まで、事実、多くの「文化の香り」を発信していた。

私が育った市内松尾町の祖父母の家から文化村へは、東に徒歩5分であったたし、二宮尊徳の「積小為大」と教える大日本報徳社は西に徒歩5分の所にあった。

掛川文化村と大日本報徳社は子供の頃の遊び場ではあったが、知らず知らずのうちに、その存在が「明治維新以降の日本文化」に対する〝敬う志〟を教えてくれた。

ほぼ半世紀ぶりに訪れた文化村は少し近代化されていたが、妙にセンチメンタルでノスタルジックな気分になり、ここに下宿していた母校掛川西高校の現代国語のT教師を想い出した。

その家に近づいた時、どんより曇る梅雨の中、燃え立つような〝紅〟の花が一輪咲いていた。余りに印象的であったので、小道ですれ違った初老の女性に、思わず「この赤い花はなんですか？」と質した。

チラリと花に目をやった女性は「石榴《ざくろ》の花ですよ」と間髪入れずに答えた。私は暗くシトシトと降り始めた小雨の中、しばし佇み〝紅一点〟の花って、石榴の花なんじゃないか」と思った。そして、世話になったT教師の好きだった小林一茶の1つの句が走馬灯のようによみがえった。

「さあ来いと　大口明けし　石榴かな」……。

「高須君、石榴にはね〝花石榴〟と〝実石榴〟の2種類があるんだよ」と旬の季語について説いたT教師の声が懐かしい。

さて、この対談集の中で紅一点とは東條由布子さんのことである。

暗くどんよりとした現在の日本国情の中、石榴の花のように真紅な志を礎にし、凛として家族愛と国家観を示した。

そしてさあ来いと大口を明けて〝実石榴〟のように威風堂々と日本の女性の真骨頂を聞かせてくれた。

この出版にあたり、黒二点、『月刊ＷｉＬＬ』編集長の花田紀凱氏、田母神俊雄氏、そして版元の春日出版会長の今野郁男氏、プロデューサーの相田ひさと女史、編集担当の桝本誠二氏には大変なお世話になった。感謝です。

高須基仁

※第一章から第三章までは、春日出版から二〇〇九年六月に発行された『国粋ニッポン闘議』を加筆修正したものです。

高須基仁

モッツ出版代表。1949年静岡生まれ。中央大学在学中の1968年、丸太を抱えて防衛庁に突入し、実刑判決を受ける。卒業後は玩具メーカーのトミー(現・タカラトミー)に入社。UNOカードなどのヒット作を連発する。その後、芸能プロダクションを経て、モッツ出版を起業し多数のヘアヌード写真をプロデュース。現在はラジオ、新聞で連載多数。主な著書『毛の商人』(コアマガジン)、『散骨』(光文社)、『私は貝になりたい』(モッツ出版)、『高須新聞』(鹿砦社)、『芸能通信簿』(静新新書)など。本作で20冊目。

東條由布子

元NPO法人環境保全機構理事長。1939年、東條英機の長男、英隆の長女として生まれる。明治学院大学を結婚のため中退。その後、国士舘大学教育学科卒。現在、異国の戦場で遺骨収集活動及び愛知県幡豆郡三ヶ根山で慰霊施設を運営。ラジオ日本でパーソナリティも努めている。主な著書『東條家の母子草』(恒文社)、『祖父東條英機一切語るなかれ』(文春文庫)、『大東亜戦争の真実ー東條英機宣誓供述書』(ワック出版)、『家族愛ー東條英機とかつ子の育児日記・手紙より』(春日出版)など。2013年2月13日逝去。享年73歳。

花田紀凱

『月刊WiLL』編集長。1942年東京生まれ。東京外国語大学英米語科卒。66年文藝春秋入社。『文藝春秋』『週刊文春』デスクを経て『週刊文春』編集長。在任期間に同誌を日本一の週刊誌に育てた。『マルコポーロ』『uno!』『編集会議』等の編集長を歴任。現在、テレビ、ラジオのコメンテーターとして活躍中。また「マスコミの学校」を主催し、後進の指導にあたっている。主な著書『編集者!』(ワック出版)、『花田編集長!質問ですー出版という仕事で生きる』(ユーリード出版)など。

田母神俊雄

1948年福島県生まれ。67年防衛大学入学。71年、防衛大学校(第15期)電気工学科卒業後、航空自衛隊入隊。若い時分はナイキ(地対空ミサイル)部隊で勤務、その後航空幕僚監部厚生課長、南西航空混成団司令部幕僚長、第六航空団司令、航空幕僚監部装備部長、統合幕僚学校長、航空総隊司令官を経て、2007年3月航空幕僚長。2008年11月定年退官。主な著書『自らの身は顧みず』(ワック出版)、『田母神塾ーこれが誇りある日本の教科書だ』(双葉社)、『真・国防論』(宝島社)、『自衛隊風雲録』(飛鳥出版)など。

滑川裕二

1951年、茨城県常陸太田市生まれ。國學院大學神道科卒業。2000年から、日本青年社の副会長を10年間務め、今年4月、顧問に就任。NPO南洋交流協会会長として、第二次大戦の戦地・パラオにおける日本兵の遺骨収集活動に、30年間注力している。現在は、八丈神社、堺神社、南洋神社、尖閣神社の宮司を務める。

朝堂院大覚

ちょうどういん　だいかく―本名、松浦良右。武道総本庁総裁。ナミレイ(浪速冷蔵機工業)の社長だったが、業務提携を強要したとして刑事事件になる。以後も、オウム真理教(現アレフ)、朝鮮総聯本部売却事件、六本木のTSKCCCターミナルビルなどにおいて〝黒幕〟として名前が取り沙汰された。

新国粋ニッポン闘議 ―高須基仁対談集―

2015年3月13日　新装増補第1刷発行

著　者　高須 基仁
編　集　桝本 誠二
企　画　モッツコーポレーション(株)
発行人　唐澤 明義
協　力　(株)金曜日　(株)サイゾー

発行所　株式会社 展望社
〒112-0002 東京都文京区小石川3-1-7 エコービル202
電話 03-3814-1977
FAX 03-3814-3063
http://tembo-books.jp/

印刷・製本 オムロプリント(株)

©Motoji Takasu 2015
ISBN978-4-88546-294-8

本書の無断転載を禁止します。
落丁・乱丁本はお取替えいたします。

高須基仁の最新刊

慶應医学部の闇

福澤諭吉が泣いている

注文殺到！
大増刷

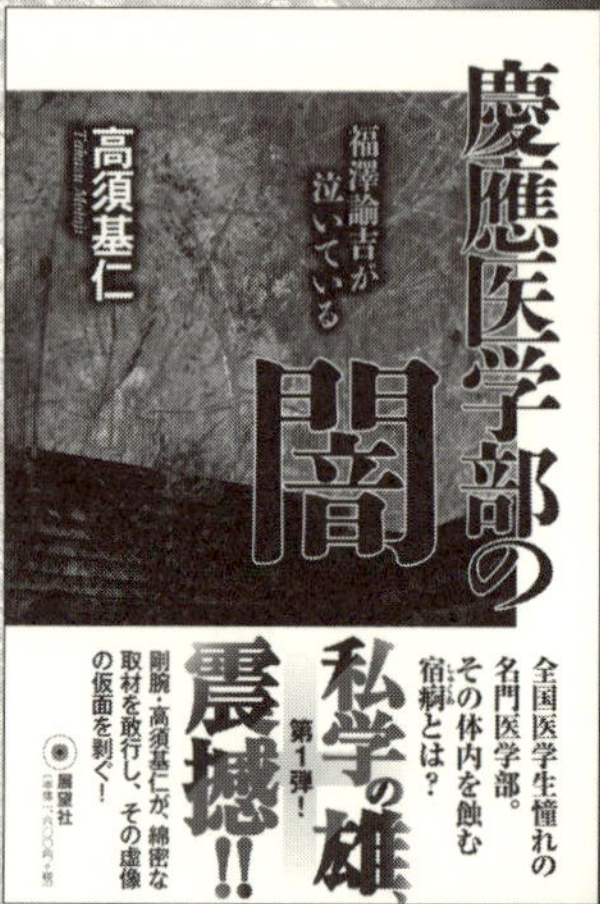

全国医学生憧れの名門医学部。
その体内を蝕む
宿痾とは？

高須基仁 著

本体価格1600円
（価格は税別）

剛腕!!
高須基仁が、
綿密な取材を敢
行し、その虚像の
仮面を剥ぐ！

高須基仁の好評書

私は貝になりたい Vol・2

全部摘出【ゼンテキ】

五臓六腑をえぐる思いで、すべてを吐き出しました（高須談）

芸能界、そして社会の虚像に挑み続けた「7年間」の壮絶記録

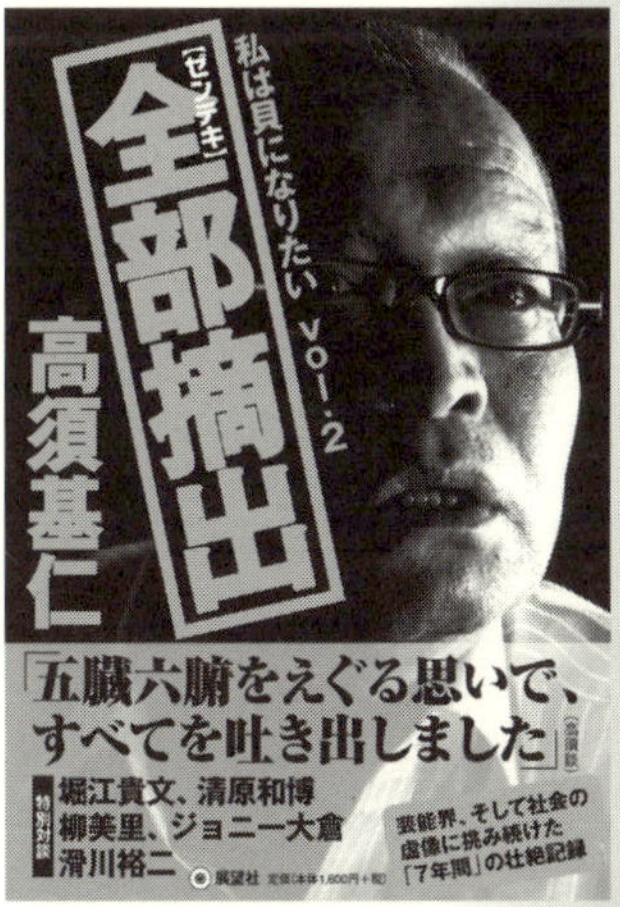

高須基仁 著

本体価格 1600円（価格は税別）

特別対談

堀江貴文／清原和博／柳美里／ジョニー大倉／滑川裕二

【付録】再録・猪瀬直樹